2023 사화집

시와 종교

한국시인협회

발간사

시를 통한 세계 평화에의 기여

(사)한국시인협회장 유자효

우리가 살았던 20세기는 양차 세계 대전이 있었던 대학살의 시대였습니다. 인간 도살이라고 할 수밖에 없는 공포의 세기를 보내고 새 세기를 맞으며, 21세기는 부디 지구상에 평화가 깃들기를 기원하였습니다.

그러나 희망의 21세기를 맞은 지 20여 년 만에 인류는 우크라이나와 팔레스타인에서 울리는 포성과 비명, 통곡 소리를 듣고 있습니다. 하마스의 이스라엘 선공으로 시작된 팔레스타인 전쟁은 종교전쟁의 양상마저 띠며 궁극적인 해결을 어렵게 합니다.

한국시인협회는 2023년을 보내며 사화집 '시와 종교'를 기획하였습니다. 이 기획은 시를 통한 세계 평화에의 기여라는 소망에서 비롯된 것입니다. 이 사화집에는 한국시인협회와 작품 교류 협력 협정을 맺은 프랑스시인협회의 시인 20명의 작품도 실려 있습니다. 이 작품들은 공모에서 입상한 작품들입니다만 세계 평화에의 소망은 다를 바 없을 것입니다.

시와 종교는 동전의 앞 뒷면과도 같다고 하겠습니다. 성인聖人들은 위대한 시인들이었습니다. 그들은 시적 은유와 표현으로 인류의 구원과 평화를 전파하였습니다. 이제 우리 시인들은 그런 원초적 시 정신으로 돌아가야 할 때라고 생각합니다.

새해는 회원 여러분께서 모두 자신의 대표작을 쓰시는 풍성함을 거두시기 바랍니다. 건강과 문운을 빕니다.

2023 사화집

시와 종교

차 례

| 유자효 | 시를 통한 세계 평화에의 기여 | 3 |

감태준	끓는 저녁	20
강명숙	질경이 시로 날다	21
강서일	첨탑	22
강애나	시와 종교 2	23
강영은	성체聖體	24
강우식	서정주의 목탁	25
강진규	가을 하늘 아래 서면	26
고경옥	연꽃	27
고경자	베데스다에 내린 은총 시리우스에 동하다	28
고안나	날 선 검처럼	29
고영섭	시 한 수	30
고영조	마리아 데레사	31
고 원	마음 심 큰 마음	32
고은주	간구	33
고정애	단순한 모드	34
곽문연	시를 품었다	35
곽인숙	두 손을 모으다	36
구명숙	나의 왕	37
구봉완	수종사 염화미소	38
구석본	침묵의 말씀	39
구순자	천장화	40
구재기	탑돌이	41
구회남	시와 신의 포옹	42
권달웅	시편노을	43
권선옥	상처	44
권순자	아버지의 유산	45
권순학	친정	46
권영주	기도문	47

권옥희	하나님은 아름다우시다	48
권이영	시와 신	49
권이화	꽃살문 앞에서	50
권정남	누명	51
권정순	오대산 적광전에 다시 서다	52
권천학	물의 해탈	53
권태주	밀밭 사이로	54
권현수	나는 일찍이 한 마디도 말한 적이 없다	55
권희선	입춘기도	56
금시아	첫물이라는 것	57
김가연	새	58
김경성	묻힌 얼굴	59
김경수(부산)	사라진 발	60
김경수(서울)	내 안의 당신	61
김계영	염색체 이상이 아니지요	62
김광순	저물녘 은진미륵	63
김광자	그 하늘 아래 · 6	64
김규은	혼잣말	65
김금분	축전	66
김금아	백일기도	67
김금옥	목마른 사슴	68
김금용	당신을 만났다	69
김기덕	요즘 하나님은	70
김다솜	나의 종교는 시	71
김대봉	법난사	72
김동원	모란	73
김두녀	십자가를 든 꽃양귀비	74
김두한	종교	75
김리영	와송瓦松	76
김명수	선수암 가는 길	77
김무영	꽃과 나비	78
김문중	기도	79
김미연	양파	80
김밝은	잉태거나 혹은 불임이더라도	82
김병중	백담사	83
김병해	순교	84
김삼주	낮은 곳으로	85
김상률	사하라의 모래	86
김상미	신의 은총	87

김상숙	예약	88
김상현	나의 집 나의 하느님	89
김생수	어머니 11	90
김서희	기울어진 각도	91
김 석	어떤 부활	92
김선아	운판	93
김선영(여강)	무릎 꿇고	94
김선영(서울)	시는 시인의 사원이다	95
김선옥	반가사유상半跏思惟像	96
김선태	저녁 범종소리	97
김선희(부산)	적멸보궁을 돌면서	98
김선희(서울)	산수유 길을 걷다	99
김성옥	멈춘 기차도 아름답다	100
김성조	한낮의 가장 빛나는 그늘	101
김성호	잡초雜草 101	102
김세영	믿음의 뿌리	103
김소엽	죽음은(검 天)	104
김소운	길상사	105
김송배	관세음보살님을 대하듯이	106
김송포	원	107
김수복	젊은 가을 저녁	108
김수정	부디	109
김승기	흰배롱나무가 있는 선방禪房에서	110
김승동	틀렸구나 싶어	111
김시운	먼 항로를 위해	112
김시종	석양의 기도	113
김양희	서운암 봄	114
김연대	내가 당신을 사랑하는 일은	115
김영곤	종교와 시	116
김영자	벨링포젠 고원에서	117
김영재	목불 사리木佛舍利	118
김영진(인천)	개미의 종교	119
김영탁	플라스틱 부처	120
김왕노	어머니, 신의 다른 이름	121
김용학	나암케축	122
김운기	새벽기도	123
김원길	삼경三更	124
김원욱	나의 詩	125
김월준	시편 23편	126

김 윤	와불	127
김윤숭	유교 시인	128
김윤아	믿음의 패턴	129
김윤자	하늘 가까이에서 「나」는	130
김윤하	구렁을 견딘 초록	131
김윤호	강화도 보문사	132
김은우	주일엔 교회와 교외를 오갔다	133
김은정	찻잔	134
김은희	소백산 단군성전 약사암	135
김이대	자기 심경	136
김인구	원圓	137
김인숙	대재앙	138
김인희	그 빛 여호와, 몸을 원하네	139
김일순	마지막 언어	140
김재천	묵상하는 고백	141
김재홍	부활절, 다음	142
김정운	경계 혹은 망상	143
김정원	보지 못한 하나님을	144
김정윤	윤4월 손 없는 날	145
김정인	시, 너라는 종교	146
김정환	오월의 성모님	147
김조민	모든 것 속에 하나	148
김종태	정녀貞女의 수어手語	149
김주혜	파르티타 6번	150
김지헌	갈대 수도원	151
김진명	연못 안의 부처	152
김진성	참새의 눈	153
김찬옥	민들레, 도시 위에서	154
김창범	봄비가 내립니다	155
김추인	하느님의 잠	156
김태암	구체적으로 딱딱하게 구체적으로	157
김택희	한강	159
김한순	나는 걸었다	160
김향숙	우화	162
김현서	재방송	163
김현숙	기도	164
김현신	이 뭣꼬!	165
김현주	포옹	166
김현지	숲속에서 길 찾기	167

김홍섭	갈릴리 호수	168
김황흠	풍암성당에서	169
김후란	성모님 옷자락을 만지며	170
나고음	좋은 몫을 택하였다	171
나금숙	초승달 축제(new moon)	172
나기철	성聖 여인	173
나병춘	술의 변증법	174
나숙자	고단한 날개	175
나태주	소망	176
남찬순	그 길	177
노수빈	가을 강	178
노창수	하지만 행복한	179
노해임	빗소리의 작은 속삭임	180
노현수	무불사無佛寺 가는 길	181
노현숙	메콩강 아레크삭 아이들	182
노혜봉	왜? 응? 왜?	183
동시영	미소를 들고 돌을 깎았다	184
두 마리아	정직한 기도	185
류성훈	봄밤	185
류수인	전생과 이생	187
류인서	명료한 열한 시	188
류정희	케냐 조희래 선교사를 찾아서 1	189
류종민	정화수의 달	191
류혜란	꼭 감싸 안을 용기	192
목필균	연등을 켜다	193
문 설	아름다운 밤이 왔다	194
문영하	자장매	195
문정희	사람의 가을	196
문창갑	청암사	197
문현미	가난한 기도	198
문효치	백제시	199
민영희	시인	200
박만진	모름지기	201
박미산	벌레의 독서	202
박병두	나의 기도	203
박분필	청동의 손	205
박상천	오, 나의 하느님	206
박세희	홍련암 2	207
박수중	만다라曼茶羅	208

박수진	풍경風聲 2	209
박수현	가을숲	210
박시걸	수자數子 18곡曲	211
박영구	산딸나무 앞에서	212
박영배	배론舟論 가는 길	213
박영하	소원	214
박완호	세 발 고양이	215
박이영	강가 아이	216
박일만	일처다부	217
박재화	한강을 건너며	218
박정이	부활, 역류를 거부한 얼룩	219
박종철	한 장의 사진	220
박종해	연꽃	221
박지영	폭우 속에서	222
박찬선	때가 되면 다 된다	223
박천서	용모암 가는 길	224
박판석	종교로 가는 시	225
방순미	가슴에 절집 한 채	226
방지원	한 말씀만 하소서	227
배윤주	길 잃은 동화	228
배재경	가을 모은암	229
배홍배	오래된 음악실	230
백민조	독백 제49장	231
백우선	하느님 모녀	232
백 현	순간	233
복영미	마이 무라	234
서대선	변기 닦는 여자	235
서경온	피에타	236
서범석	전지전능하신	237
서상만	목전기도目前祈禱	238
서상택	그을음	239
서승석	보리암에 올라	240
서영택	나를 몰고 간다	241
서정란	까치집	242
서정임	즐거운 제의	243
서정춘	귀	244
서지월	홍천사 운興天寺 韻	245
서화경	부처님 오신 날	246
서희진	기도	247

석연경	정혜사 하늘의 눈	248
성배순	번제	249
손옥자	설분분 난분분	250
손진은	바다의 마음	251
손한옥	독성각	252
송경애	보속補贖	253
송명숙	내 품에 안겨라	254
송미란	무지개	255
송병숙	터진 울타리	256
송소영	내려옴의 미학에 관하여	257
송연숙	천기누설	258
송영희	능소화	259
송예경	시와 종교	260
송 진	종교 교육	261
송태옥	복음	262
수피아	시詩	263
신기섭	설악산 마지막 짐꾼 임기종씨	264
신미균	수행	265
신병은	사소한 떨림	266
신봉균	바위의 눈물	267
신새벽	적막하고 쓸쓸한 곳에 다녀왔다	268
신승민	장승	270
신승철	감나무 앞에서	271
신영조	거미	272
신 협	연鳶	273
신원철	감추사	274
신중신	산타 마리아 5	275
신표균	텅 빈 하늘	276
신향순	12월을 접으며	277
심상옥	사람이 부처고 부처가 곧 사람이라는데	278
심종록	소금과 별	279
안경원	아침 묵상	280
안명옥	겨울 산사에서	281
안원찬	선禪	282
안유정	어머니의 지주감지	283
안익수	아직 더 매를 맞겠습니다	284
안현심	참선하는 바위	285
양수덕	그 숲	286
양윤정	배론의 꽃	287

양창삼	아무나 맡을 수 없는, 그러나 너무나 강한	289
여서완	홍도그리스도	290
염창권	증심사 가는 길	291
염화출	향기에 젖다	292
오세영	마태복음 제1장	293
오정국	침묵피정	294
오지연	나이와 봄의 기억	295
오현정	다가올 기도	296
우인식	눈 오는 선암사	297
우정연	송광사 가는 길	298
위형윤	소천召天	299
유계자	무성한 고민	300
유안진	들꽃언덕에서	301
유자효	시간	302
유재영	버들치 성불	303
유준화	보리	304
유태승	청계산을 넘어가는 반달은	305
유현숙	그대 앞에서	306
유혜련	앙탈을 부려 보다	307
유혜영	하나님 사용설명서	308
육근철	보이지 않는 손	309
윤명수	서역西域	310
尹錫山	최보따리의 꿈	311
윤순정	宇宙一花	312
윤정구	신전 앞에서	313
윤향기	사랑을 떠나보내는 검정칼새	314
윤형근	가을 보석사	315
윤 효	응시	316
윤호병	막달라 마리아의 기도	317
윤홍조	이 뭐꼬?	318
윤희수	고요한 싸움	319
윤희자	그 믿음 때문입니다	320
이건청	움직이는 산	321
이 경	시와 종교	322
이경선	빗자루가 성글어	323
이관묵	절벽기도	324
이광석	어떤 고백	325
이국화	호수와 하늘	326
이규형	산사山寺	327

이기호	종소리	328
이길원	물은 물이다	329
이노나	유일한 명제	330
이덕원	마애종	331
이돈희	평화	332
이동희	승속僧俗	333
이둘임	출렁이는 구름	334
이 명	기사문 아쉬람	335
이명열	쌍지암의 뒤란이 되어	336
이미산	꽃살문	337
이병달	예로니모 이야기 (A story of Jerome)	338
이병연	청벚꽃	339
이보숙	내게로 오시는 분	340
이복자	나절 필름	341
이복현	그 환한 정점에서	342
이 봄	그대 입술엔 웃음만	343
이봉하	죽비 소리	344
이사라	당신이 나의 종교이어요	345
이사철	미타행	346
이상남	바구미	347
이상면	어머니 소지 올리시는 밤	348
이상현	사라진 등대	349
이상호	심산유목深山有木	350
이선열	수채화	351
이 섬	낙타에게 미안해	352
이수산	시는 나의 기도	353
이수영	베드로처럼 말하다	354
이숙이	멀리서 온 전화	355
이승필	목마름에 대하여	356
이승희	이슈트반 성당에서	357
이시경	계명	358
이애리	천은寺 자목련	359
이애진	응답	360
이양희	비운 집	361
이영신	목목부입	362
이영춘	비 오는 밤	363
이오례	산사에서	364
이옥진(始園)	꽃샘바람	365
이용주	둥그런 세상	366

이위발	적요에 눈을 뜨다	367
이유정	꽃멀미	368
이유환	저녁 기도	369
이은봉	우리 한울님	370
이은수	지상에서 부는 바람	371
이인복	대정성지에서	372
이인평	부활	373
이재무	天文	374
이 정	망월望月	375
이정남	서은抒恩	376
이정님	사마리아 여인아	377
이정자	언어의 미각	378
이정현	낚시	379
이정화(대구)	마애불	380
이종숙	반성	381
이준관	시골 교회당	382
이지호	나의 세상에 거룩한 네가	383
이진숙	반계리 은행나무	384
이창식	진관사 그날 빛	385
이창하	상사화	386
이채민	다시, 사나사 4	387
이철경	신의 분노	388
이초우	여여부동如如不動	389
이춘원	그물을 씻고 있을 때	390
이태수	성聖 풍경	391
이해리	탑	392
이향란	그로 말할 것 같으면	393
이향아	고백	394
이향지	바로 지금 여기 나의	395
이현명	물방울 종달새가	396
이현서	어떤 피에타	397
이홍구	고개 숙인 겸손	398
이화은	순교의 계절	399
이희선	경전을 읽는 선운사 풍경	400
이희정	독송집 하나	401
임덕기	시인들의 기도	402
임병용	시처럼 내리는 눈	403
임성구	불두화	404
임솔내	돌이 된 물고기	405

임수경	슬픈 진화 1	406
임승천	기도의 아침	407
임완숙	경주 남산	408
임재춘	불꽃 바라기	409
임종본	부처님 오신 날	410
임지현	솟대	411
임태래	양파가 쓰러지다	412
임혜라	구인사행	413
임희숙	나는 하느님이고 전쟁이고 슬픔이고	414
장수라	내 이름은 필로멜라!	415
장수현	숨은 벽	416
장순금	사람의 아들 · 15	417
장영님	신께서 날 미워하시면 어쩌나	418
장옥관	그분이 손바닥을 펴실 때	419
장인무	땅 끝 성당에서	420
장인수	잡초행전	421
장혜승	용서	422
전경배	聖地巡禮를 떠나며	423
전병석	잃어버린 양	424
전석홍	청매실나무 목불木佛로 서다	425
전순선	시는 종교의 통로	426
전순영	검은 강	427
정경미	목련 기도	428
정경진	친정엄마 49재	429
정미소	모과나무 아래서	430
정병욱	주를 묵상함이 좋습니다	431
정복선	맑고 향기롭게 살기 法頂戱	432
정성수	나의 종교	433
정성완	구루마 십자가	434
정수연	해탈이	435
정 숙	사리탑	436
정숙자	나의 작시몽作詩夢	437
정순영	탱자나무	438
정연희	완덕의 계단	439
정영선	사이프러스!	440
정영숙	줄장미에게 계절은 없다	441
정영희	우보살	442
정웅규	교회	443
정윤서	고릴라 인 더 키친	444

정의홍	황태	446
정채원	미제레레 노비스	447
정치산	실연實演은 길었고 나는 짧았다	448
정호정	하늘이여 지금쯤	449
조갑조	아몬드 꽃	450
조구자	고맙소 · 108	451
조 명	그대, 나의 연인, 샤키아무니에게	452
조민호	야누스	453
조병기	갈릴레이 배 위에서	454
조부경	기도	455
조석구	운문호일	456
조성림	시	457
조순희	달빛을 신다	458
조승래	나의 시 농장	459
조영란	우리는 같은 구원을 꿈꾼다	460
조우성	그처럼	461
조 율	사랑의 서	462
조은설	기다리는 아버지	463
조재학	저 까만 새들은	464
조정애	믿음의 유산	465
조창환	밤 기도	466
주경림	부활절 꽃그늘	467
주봉구	길 떠나는 바람	468
주원규	새벽 기도	469
주한태	방광이 비치는 날	470
지시연	피에타의 기도	471
지연회	은총	472
지영환	비석은 비어 있었다	473
지 인	〈지구〉 능금나무	474
진 란	더러 땅에 떨어지는 심장이고자	475
진명희	기도	476
차영한	목탁 소리	477
차옥혜	당신은 어디에 계십니까	478
채 들	화답	479
채재순	마라	480
천창우	하동호河東湖 아침	481
최관수	낙타와 바늘	482
최금녀	네 생각과 내 생각	483
최도선	비아 돌로로사	484

최동현	예수를 파는 여자	485
최동호	물방울 관음	486
최문자	속죄	487
최복주	가짜 뉴스	488
최봉희	푸른 손을 포개며	489
최서림	부드러운 물살같은	490
최성필	마지막 관문	491
최수경	태양신	492
최영희	나의 종교는 세상의 사랑이다	493
최 옥	눈을 뜨게 하시니	494
최정란	당목撞木	495
최정아	꽃의 시선	496
최향숙	날개	497
최혜숙	신의 선물	498
최화선	마애석불의 미소	499
편부경	나에게 더는	500
하두자	수국사	501
하 린	동안거冬安居	502
하순명	그릇	503
하정열	별들의 신화	504
하지영	믿음	505
하청호	맑은 허기	506
한 경	나미비아의 사막의 성자	507
한경옥	눈 내린 아침	508
한경용	하얀 족속 4	509
한명희	용연사 열화당	510
한분순	기도처럼 짙은	511
한상완	감람산 겟세마네 동산에서	512
한성근	청하여 바라건대	513
한성희	그 섬에 갇힌다	514
한소운	절 가는 길 13	515
한영미	템플 스테이	516
한영숙	아, 쉐지곤 파고다에는	517
한윤희	밀도 짙은	518
한이나	노독路毒	519
함기석	너의 작은 숨소리가	520
허금주	해질녘 비	521
허 열	방패연	522
허영자	잡초를 뽑으며 1	523

허윤정	여정	524
허진아	기도와 시	525
허형만	손을 내밀어	526
허홍구	미소법문	527
홍경흠	동거	528
홍금자	아직도	529
홍사성	석굴암 대불	530
홍서연	수미산	531
홍석영	기다려지니까 사랑이다	532
홍성란	따뜻한 살림	533
홍윤표	엄마의 삶	534
홍재운	알 속에서	535
홍정숙	Delete	536
황경순	노을 뜨다	537
황미라	막막한 오늘	538
황상순	물벼룩 창세기	539
황인동	할아버지는 우짤라카노	540
황희영	풍경 소리	541

프랑스 시인 협회 2021 시 콩쿠르 수상작품
Société des Poètes Français Concours de Poésie 2021
번역 : 김진하 서울대 교수

2021년도 시 부문 대상 (Grand Prix de Poésie 2021)
이렌 제냉-무안(Irène GENIN-MOINE) 이름으로(Au Nom)　　544
이렌 제냉-무안(Irène GENIN-MOINE) 기다림(Attente)　　546
이렌 제냉-무안(Irène GENIN-MOINE)
아버지, 생각납니다(Mon Père, tu me reviens)　　548
2021 빅토르 위고 상 (Prix Victor HUGO 2021)
장-마르크 종(Jean-Marc JON) 이중성(Dualité)　　550
2021 레옹 디에르스 상 (Prix Léon DIERX 2021) (공동 수상 ex æquo)
프레데릭 알부이(Frédéric ALBOUY) 파란 눈(Yeux Bruns)　　552
알랭 플레투르(Alain FLETOUR)
환히 빛나는 추억 속의 여인(Femme dans le rayonnement d'un souvenir)　554
창립회원 상 (Prix des Membres Fondateurs)
조제-마리아 드 에레디아 상 (Prix José-Maria de Herédia)
알베르 롱쉬, 별명 «알베르 자락» (Albert RONCHI, dit «Albert JARAC») :
최후의 희망(L'Ultime Espérance)　　556

창립회원 상 (Prix des Membres Fondateurs)
쉴리 프뤼돔 상 (Prix Sully PRUDHOMME)
장-루이 이베르나(Jean-Louis HIVERNAT) 임박한 죽음(Mort Imminente) 558
루이 아라공 상 (Prix Louis ARAGON)
이방-디디에 바르비아(Yvan-Didier BARBIAT) 메꽃(Les Liserons)　　560
테오도르 드 방빌 상 (Prix Théodore de BANVILLE)
클로드 플로시냑(Claude PLOCIENIAK) 용서한다는 것…(…Pardonner)　562
샤를 보들레르 상 (Prix Charles BAUDELAIRE)
모리스 비달(Maurice VIDAL) 인간과 자연(L'Homme et la Nature)　564
장 콕토 상 (Prix Jean COCTEAU)
실비안 메장(Sylviane MEJEAN) 갈매기(Goéland)　　566
뤼시 드라뤼-마르드뤼스 상 (Prix Lucie DELARUE-MARDRUS)
마리-조 타뷔(Marie-Jo THABUIS) 물시계(Clepsydre)　　568
마르슬린 데보르드-발모르 상 (Prix Marcelline DESBORDES-VALMORE)
파름 스리제(Parme CERISET)
내 혈관 속 너의 별(Ton Etoile dans mes Veines)　　570
폴 엘뤼아르 상 (Prix Paul Eluard)
지슬렌 피에게(Gislaine PIEGay)
나는 한때 맛보았다(J'ai goûté autrefois aux délices exquis)　572
테오필 고티에 상 (Prix Théophile Gautier)
안-소피 부트리(Anne-Sophie BOUTRY) 침묵의 수도복(Bure de Silence)574
로즈몽드 제라르 상 (Prix Rosemonde Gérard)
파스칼 르코르디에(Pascal LECORDIER) 그대에게(A toi)　　576
장 지오노 상 (Prix Jean Giono)
이본 르뫼르-롤레(Yvonne LEMEUR-ROLLET)
그대 없는 가을(Automne sans Toi)　　578
프랑수아 빅토르 위고 상 (Prix François-Victor HUGO)
엘리자베트 로뱅(Elizabeth ROBIN) 나눔의 별에게(A l'Etoile du Don) 580
알퐁스 드 라마르틴느 상 (Prix Alphonse de LAMARTINE)
이브 뮈르(Yves MUR) 슬픔의 노래(Lamentos…)　　582
안나 드 노아유 상 (Prix Anna de Noailles)
베르나르 풀랭(Bernard POULAIN) 장미(La Rose)　　584

2023 사화집

시와 종교

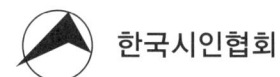한국시인협회

끓는 저녁

감태준

거리는 불을 켜고
꽉 잠긴 차들이 부글부글 속 끓일 때
행인들은 차분히 산보할 겨를이 없나 보다.
팥죽처럼 끓는다.

가로수 밑 열혈 전도사는 어디로 갔을까.

기타 치는 장발 청년의 노래는
행인을 따라가다 되돌아오고
저기 황국 파는 여인
재빨리 좌판 껴안고 골목으로 달아난다.

참 짠하다.
사는 게 다 저기서 저기일 것인데
저기 있지 않으려고 나는 걷고
앳된 아가씨는 단란주점 계단을 올라간다.

저기 있지 않으려고
여인은 돌아와 다시 황국 팔고
장발 청년은 더 간곡히 노래하는 것이리라.
행인들은 바삐 끓어 넘치고.

질경이 시로 날다

강명숙

보도블록 사이
빼꼼히 고개 내민 질경이
초록빛 엷어져
꿈 상실해가는 나날들,
새벽녘 찾아와
바람에 날리는 모든 것들 휩쓸어가며
생명만은 살리시는 권능의 손으로
생기 불어넣어 주소서
오가는 바람으로
산 들 물, 꽃들과 소통하여
본질 일깨우게 하시고
경계 없이 넘나드는 시詩가 되게 하소서
스러지다 다시 살아나기를 거듭하면서
혼자서는 아무것도 할 수 없는 미물
비오는 날, 덩그러니
한 폭 수채화로 반짝인다.

첨탑

강서일

일요일 아침 9시
아내의 손에 이끌려 성당에 가는 것은
나의 큰 행사

반은 졸면서
건성으로 나의 오만을 고하고

남의 일로 못 박히는 마음을 몰래 한번 느껴보려 하네

하지만 나의 살과 **뼈**는
향기로운 빵과 철학과 진리로 이루어져 있나니

그래도
저 새들의 첨탑은,

아침 종소릴 품고 있는 붉은 벽돌은
오늘도 아름답게만 보이네

시와 종교 2

강애나

고통과 시련으로 가슴에 든 멍을 씻어주는
시는 훌륭한 마음의 의사
무언가 될 듯 안 될 듯할 때의 괴로움이
無자의 깊은 화두가 되어
참회의 순간으로 깨달음을 구하네
꽃잎이 지고 말라도 봄날
봄바람은 다시 찾아와
꽃을 다시 피우고
나비로 다가와 시의 향기를 풍기네
때론, 울긋불긋 가을바람에
귀뚤이 소리가 눈물짓게 하고
하얀 눈발이 날리는 겨울에는
외로움에 시를 쓴다네
보고 읽고 듣는 시마다
시구는 생겨났다 사라져도
생의 길잡이로
깨달음이 되어서
승화하는 펜 끝에서
시가 나의 종교가 되네.

성체 聖體

강영은

    빵이라 부를 때 이것은 존재한다. 누룩과 불화하는 이것 때문에 상처가 아문다. 상처를 길들이는 이것 때문에 나는 말랑말랑하고 부드러운 표정을 지닌다. 피와 연합하는 포도주처럼 나의 내면이 뜨거워진다. 커다란 다이아몬드의 흠집은 흠집을 깎는 고귀한 감정을 지니게 된다. 수축하거나 팽창하는 감정은 존재의 지척咫尺을 드러낸다.

    빵이 되기 위한 밀가루처럼 존재에 선행하는 존재* 뼈에서 떼어낼 수 없는 이것 때문에 나의 식탁은 밀밭이다. 나의 굶주림은 밀밭 위로 날아오르는 새 떼가 된다. 이 하늘에서 저 하늘로 날아다니는 조직의 지체가 된다. 만일 이것이 밀가루에 국한된 존재라면, 쟁반 위에 놓인 한 잔의 포도주와 한 조각 빵은 식탁이 차려준 한 끼니 식사에 불과했으리라.

    쟁반 위에 물고기 그림을 그린다. 먹고 배부른 까닭은 알지 못하나 손가락 마디마디 푸른 하늘이 스민다. 물과 불과 공기가 관계한 한 덩어리 우주, 한 점의 빵 조각을 성스럽게 받든다. 이것 때문에 나의 신神이 존재한다.

*메를르 퐁티 〈기호들〉에서

서정주의 목탁

강우식

만년에 미당이 기거한 사당동 집에서는
절에서 스님들이 치는 목탁이
환속을 하여 주로 손님이 오면
술상 내오라는 소리꾼 역을 하였다.
그런데 그 목탁소리가
내 귀에는 제대로 들리지 않았다.
어딘가 딱따구리가 나무를 쪼듯
딱 딱이는 소리처럼 영 건조했다.
하지만 미당은 목탁을 그렇게 부리는 것이
즐거운 듯 전혀 개의치 않았다.
목탁을 때리는 것이 하늘의 달을 따
수박처럼 잘 익었는지 살피는 것 같고
때로는 달 항아리처럼 부푼 임산부의 배를
탁 탁 쳐보는 의사와도 닮았었다.
미당에게는 이 세상이 다 목탁소리로
절 한 채를 짓는 거 같았다.
목탁 소리로 술상을 내오라하니
무불통지로 안 될 일 없어서
이 땅에서 시도 으뜸이었나 보다.

가을 하늘 아래 서면

강진규

가을 하늘 아래 서면
화살처럼 꽂히는 햇살에 맞아
늘
아프고 부끄럽더라

얼마쯤 잊어버린 죄책감을 꺼내어
맑은 물에 새로이 헹궈
깃대 끝 제일 높이 매어달고 싶더라

크신 분의 목소리가 내 귀에 대고
괜찮다
괜찮다고 속삭일 때까지
밤새워 참회록을 쓰고 싶더라

연꽃

고경옥

진흙탕 속에서 어쩌면 저리도 환한 꽃이 필까
부연 물속에다 튼실하게 뿌리를 뻗어
꽃대가 솟고
초록의 잎과 등불 같은 꽃을 피우다니
두려움이 끓는 물처럼 확확 달아오른다
불경스런 입술 사이로
꽃이 피면 어쩌나
탐스럽지만 때때로 악마가 웅크리고 있는 가슴 위로
꽃이 피면 어쩌나
은근히 겁이 난다
내 몸이 온통 진흙탕이니
세상에서 제일 아름답거나 환한 꽃이 필지도 몰라
살갗을 뚫고 꽃대라도 솟는 걸까

자꾸 여기저기가 간지럽다

베데스다에 내린 은총 시리우스에 동하다

고경자

우물가에서 헛되고 헛된 것을 구한 여인처럼
세상 것을 구한 여인이었네
베데스다 우물가에 내린 은총
영원히 목마르지 않은 생수를 얻기 위해
목마른 사슴들이 시리우스에 모여들고
예수님 성체가 이슬처럼 내려 당신의 거룩한 십자가 앞에
말씀의 은사가 동이마다 넘쳐흘러 빙산을 녹이고
남루했던 내 믿음 당신의 생명을 품어
고백하는 눈물과 둔한 내 입술은 찬양이 되었네.
당신이 열어 놓은 십자가의 길
누가 저 나단의 입을 열어 복음 전하는 기쁜 뉴스가 되게 해다오
 지구에 구원의 배를 띄워 평신도 선교사를 세우리니
 다윗의 가락으로 수금을 타게 하고
 이 땅의 평화를 위해 영혼의 등잔에
 대그룹 날개와 소그룹 두 날개 비전을 위해
 지혜와 슬기로 새 맥박을 뛰게 하시어 어둠을 밝히는
 아로새긴 은쟁반에 성령의 열매를 가득 채우게 하소서.

날 선 검처럼

고안나

천국 아니면 이제 우리는
다시는 만날 수 없다
날 선 검처럼 단호하게 하시던 말씀
아니, 절규에 가까웠던
97년의 생은 붉은 노을 속으로
힘없이 풀어지고 있었다

사람 살리는 좋은 시 한 편은
구름 같은 인생을 윤택하게 하는 법이거든
시詩도 생명이 빠지면 파이야
죽어 천년은 산 하루보다 못해
명 떨어지면 다 그만이지
막힘없이 시 한 수 줄줄 엮으시던 분

나이 들수록 밉지 않게 늙어가고 싶다며
개구쟁이 아이처럼 웃으시던 아버지
나의 종교 내 시詩의 원천
날선 검처럼 번쩍이던 그 눈빛
이젠 어디 가서 뵈올꼬

시 한수

고영섭

순금 같은 시 한 편 쓰고 나면은

한 달 동안 밥값은 한 것만 같고

가슴에서 뛰노는 시 한 수 읽으면

한 주 동안 행복한 날 누릴 것 같네

이런 시들 남들에게 전하게 되면

하루 동안 흐뭇한 날 보낼 것 같고

이런 시들 곁에 서서 듣고 물들면

온몸이 새털처럼 날을 것 같네

아아, 밥값 할 만한 시 어떻게 쓸까

가슴에서 뛰노는 시 어디서 불러올까.

마리아 데레사

고영조

가진 것으로는
그것뿐이다
무명으로 된
단 두 벌의 수녀복
十字架,
안경,
물통과 구두 한 켤레,
그의 재산은 오직
가난뿐이다.
가슴에 손을 얹고
가만히 고개를 떨구게 하는
가난의 힘,
1910년産
썩지 않는 유고의 빵.

마음 심 큰 마음

고 원

선고를 받으심
지심
넘어지심
만나심
짐
닦아드림
다시 ㅁ
위로하심
쓰러지시
ㅁ
옷 벗김 당하심
못 박히심
돌아가심
내림
묻히심
부활하심

다 시
오 ㅅ

간구

고은주

첫새벽 큰물이 잠자던 나를 덮친다
소용돌이에 휘둘린 물풀처럼 현란한 말발에 쏘여
머릿속이 온통 어지럽다
공허한 말들의 늪에서 한 가닥 진실을 찾으려
마른 육신은 버둥거리고 파리한 입술, 어눌한 혓바닥
비겁함으로 쪼그라진 심장은 오늘도 맥없이 뛰고 있다

주여, 불쌍히 여기소서
질그릇처럼 깨진 영혼과 숭숭한 내 뼈마디들은
진흙 위에 뒹굴며 비명을 지릅니다

여명의 샛별로 오시는 주님
베데스다의 못에 나를 잠기게 하여
온몸을 말갛게 씻겨 주소서
어그러져 앙상한 내 뼈마디를
온전히 추슬러 쪼그라진 내 영혼과 입술에
봄비 같은 생기를 불어넣어 주옵소서.

단순한 모드

고정애

나는 오래 된 천주교도,
세례명은 헬레나
이렇게 말하면
그럴 듯하게 들리겠지만

독실한 신자 앞에서는
부끄럽고 민망해
명함도 꺼내지 못하고
쥐구멍을 찾게 된다.

그래도 저절로 입력이 된 성호경과
「주님의 기도」만큼은 거침이 없다
아침저녁 잠자기 전 줄줄 외워
그런 찬송만 하는 사이비似而非라고
찐 신앙인 O시인에게 고백했더니

"거기에 모두 다 들어있다
그러면 된다" 고 해주는 바람에
크게 위안을 얻은 나는 일상이
그서 평안하고 고마운 마음이다.

시를 품었다

곽문연

―주님은 나의 목자 나는 부족함이 없어라
푸른 풀밭에 나를 뉘시고 쉴 만한 물가로 인도하시는도다―

수술실 앞에서 전광판을 바라본다
오랜 수술 준비에서 다시 수술중 오래
입술이 바삭거리고 침 마른다
누구 손을 잡을 것인가

고요한 수술실 앞 묵상 음악이 흐른다
내 손을 잡으라시는 열린 문으로 들어갔다

다윗의 시편23
손을 잡았다 머리를 안았다
그가 푸른 풀밭에 내 몸을 누이고
손에 들린 물 한 잔을 주셨다

떨리던 전광판 이름 석 자 위 현재 회복중!

두 손을 모으다

곽인숙

단청 밖으로
시간이 머문 듯한데

백팔배로 시끌벅적한 법당

매듭짓고 풀어내는 일
그리 쉬운 것은 아니지만

신묘장구대다라니를
외우는 나는
모은 손이 볼록하다

내 몸에서 끝끝내 버티는
무엇이 남아 있는지

얼마나 버려야 부처님 손처럼 펴질까

대웅전 하늘에 낮달이 떴다

나의 왕

구명숙

우주 만물을 지배하는
가장 힘센 불멸의 신神
단연코 시간입니다

그 위력을 알게 된 후
주는 대로 나이를 먹으며
모든 살아있는 것들
무생물까지도
그의 손 안에 존재함을 깨닫고
비로소 엎드려 기도합니다

밤마다 나와 함께 잠들기를 바라지만
그는 결코 잠을 자지 않습니다
그를 앞질러 가 보는 꿈을 꿀 뿐입니다

나의 왕
시간이 멈춘 세상은 무엇일까요?
시간을 앞서 가는 문학은
하느님은 또 어디에 계실까요?

수종사 염화미소

구봉완

가을 하늘이 흰 구름과 바람을 모아
야단법석이다
능선을 굽어보는 길을 따라
살아 있어 땀을 흘리며 산을 오르는 사람들
무거운 발걸음 디딜 때 마다
마음을 비우며 가야 하는 고행의 길
가을은 미소를 짓고 있다

푸른 슬픔을 여의고 걸터앉아 숲은
낮은 음성으로 일렁인다
굴참나무들의 손에는 한웅큼씩
한해의 도토리를 쥐고 있다
흙으로 돌아가고 다시 싹을 틔우는 영겁회귀
나는 어디쯤 가고 있을까

어디인지 모르는 바위에 드리운 햇살과
멀리 온 은행나무와
양수리 근처까지 미소 머금은
가을은 가부좌로 수종사에 머문다.

침묵의 말씀

구석본

태초에 침묵의 말씀이 있었나니

태초의 침묵이
내 영혼의 동굴 안에 고여 있는 어둠을 깨우고 있다
어둠과 어둠, 침묵과 침묵이 부딪쳐 일으키는 빛,

내 안에 웅크리고 있는 무수한 나,
그것들이 일제히 깨어나
사랑의 말씀으로 사랑을 지우고
그리움의 말씀이
그리움을 지우고 있다

무수한 나,
그것들의 무수한 말씀이 서로를 지워
마침내 침묵으로 나를 지우고 있다

침묵의 말씀이
지워져 가는 내 안으로 울려오고 있다.

천장화

구순자

시스티나 성당 천지창조 아래에 도착했다

세계에서 모인 관광객들이 넓은 홀에 가득 메워져있다

두 손을 모으고 고개를 숙여 기도를 했다

'하느님 저는 이곳에 두 번째 오게 되었습니다 저는…'

기도가 더 이상 이어지지 않았다

그때였다 웅장한 음악소리에 가슴이 벅차오르고

양볼에 눈물이 흘러내렸다

나를 부르는 천상의 소리가 들리는 듯했다

천장화 높이를 뛰어넘어

하늘나라에 날아오른 느낌이었다

어린 시절의 흔적 하나가 어제 일처럼 뚜렷하게

시스티나 성당 천장화로 그려졌다

방죽 물에서 미역을 감다가

깊은 곳에 빠져 울부짖던 비명소리도 들려왔다

김을 매던 어른들이 달려와

아이들을 구해주는 모습이 그려졌다

그때 우리 목숨을 구해준 분이

하느님이라는 생각을 했다

탑돌이

구재기

발돋움하는 사람이
어찌 바로 설 수 있으랴
두 손 모아 가슴에 심으며
앞으로만 걷는 사람을 본다
돌고 돌아 걷는 길은 오직 하나
되풀이하는 간곡한 소망을 본다
조금도 무리하지 않아
절대로 숨이 차는 일이 없다
어느 것에도 기대하지 않는다는 것
어느 것으로 대신하지 않는다는 것
푸른 달빛 아래에서
흐미한 그림자 하나 남김없이
원을 이루며
앞으로만 걷는 사람을 본다
걸터앉은 사람이
어찌 길을 걸을 수 있으랴
헤부치는* 바람결을 지나
흐르는 골물에
두 발을 씻으러 가는 걸음을 본다

*바람이 이리저리 불다.

시와 신의 포옹

구회남

보훈병원으로 처음 갑니다
잠실역에서 전동차를 탔습니다
석촌역에서 갈아타야지 했습니다
가는 중에 '세계의 모든 해변처럼'을 사서 코 빠뜨렸습니다
하차하니 송파나루 역, 한 역을 더 왔습니다
다시 반대편으로 가서 승차합니다
다 왔는가 싶어 하차하니 종합운동장역입니다
거꾸로 온 셈 입니다
다시 승차를 하려는데 유자효시인의 포옹을 유리창으로 만나 얼마나 반가웠는지
　포옹, 널 만나려고 이토록 헤맸습니까
　시가 종교 같아 저절로 감사한 마음이 우러나던 계절을 통과 중입니다
　시가 안아주는 거울은 더없이 가련합니다, 가장 참혹을 견디던 계절 이었습니다
　코로나 중에 예배당에 못 간 사이 시로 사찰에 기울어진 저울추를 읽었습니다
　내일은 예배당에 가서 잊어버렸던 몇 년간의 감사헌금도 해야겠습니다
　쩡쩡 이들도 민나 빅사, 봉사보나 나은 밥사야겠습니다
　그렇듯 시와 신의 균형을 맞춰보려고 합니다

서편노을

권달웅

서편으로 기우는 해가
모자를 벗어들고
정중히 인사를 한다

수고하셨어요.
교회당에서 울리는 종소리가
하루 일을 끝내고 돌아가는
내 등을 밀어준다

감사해요
일주일이 어떻게 지나갔는지 모르고
고달프게 보냈을 때
나를 껴안아주는 다정한 말

아프지 마세요
외로운 풀벌레들이
외로운 사람의 가슴을 향해
간절하게 기도한다

상처

권선옥

하나님은,
사랑하시는 사람을 상처 나게 하시어
곁에 늘
잡아 두신다.

아버지의 유산

권순자

아버지는 내게
금은보화 대신
한 알의 믿음을 남겨주셨다

사막처럼 막막하고 답답할 때
아버지께 기도하고 두려움을 떨치는 일
물기둥처럼 시원하게 길을 열어주기를.

지치고 나약할 때
바닥을 박차고
바위 같은 믿음으로 일어서게 해주기를

서러움과 불신의 늪에서
명랑하게 빠져나오는 힘
한 알의 믿음과 아버지에 대한 그리움의 힘

고통의 시간은 아버지의 담금질 시간이라
기도하며 단련하는 믿음의 뿌리
뿌리의 힘

친정

권순학

친정은 종교다 신앙이다
구세주 사는 천국이다
그 모습 그 목소리라면
언제 어디서든 이끌리는 저항 제로 초전도 성지
나는 그곳에서 왔다
그곳에는 시로 쓴 경전이 있고
나는 그것을 뼛속까지 믿는다
엄마로 시작해 엄마로 끝나는
나의 과거이자 미래인 그 경전
나도 쓰기 시작했다
밤새 안녕을 묻는 친정 나들이
그것은 성지 순례다
한때 엄마, 엄마 부르면
가슴부터 쓸어내리던 나의 구세주
지금은 식구 하나하나 지워가며
없는 아들만 찾는다
아기로 돌아간 나의 구세주
오늘도 나는 그곳으로 간다

기도문

권영주

기도하는 손! 약손
전능하신 하나님 약손으로
건강 생명 길 열어
주님의 나라 권세 영광 영원한
시간의 공간 해와 달

천국 목표로 땅을 덤으로 얻었으니
그리움으로 지새워도 외롭지 않다
인생은 잠시 쉬어가는 나그넷길

인간의 꽃은 시들어가고
교만치 말고 마음 길 다잡을 수 있는
용기 있는 자만이 영광을 얻으리라
영원의 천국 문 있으니까요
성령으로 찬란히 빛나리라

— 아멘 —

하나님은 아름다우시다

권옥희

몸과 마음 따로 노는 우울을 제거할 장치가 필요했다
쓴 만큼 무뎌진 칼날을 새로 갈아야 했다
은둔의 날이 길어질수록 숨쉬기에 과부하가 걸렸다
타락을 획책하는 유혹에 걸린 순간 지옥문을 들어설 것 같아
스스로 교회에 갔다

매일을 감쪽같이 사라지고 싶은 나는 어디에 섞여야 하는가
묘하게 한통속이 되어 죄에 조종당하는 한 사람의 구원이 그리 쉬운가
밥이고 눈물인 시가 사라졌다 웃음꽃은 피지 않고
아무 기도도 없이 예배당 한 자리를 채웠다가
보이지 않는 하나님 말씀만 귓등으로 흘렸다

누군가에게 귀의한다는 것
받아주지 않으면 돌아서는 것
지갑에 꽂힌 신용카드 몇 장 보다도 못한 믿음을 지키려 주일이면 교회에 갔다

어느 날 십자가 하나가 내 등에 덜컥 걸리며
나는 가시 면류관 쓴 예수님 옆에서 주님 말씀 구석구석 못이 되어 꽂혔다
아름다우신 하나님 나를 받아 면류관을 씌워주셨다, 시가 살았다!

시와 신

권이영

시는 신발(ㄴ)벗겨진 신神이지
그래서 시인은 신을 흉내낸다네
말도 안되는 말을 신기神奇한 재주를 가졌다네

시인의 일과는 99%가,

하늘과 땅을 보며 산책하기
그러면서 관찰, 묵상, 마주치는 이웃이나 나무,
구름과 낮달, 그리고 한밤중 별과 대화하기
어린애처럼 막 놀기
그러다가 이름 모를 곳에서 방황하기

그리고 1%가 시 쓰기라네

꽃살문 앞에서

권이화

비상도 비행도 멈추고 카오스 돌아 나와 꽃으로 다시 올까
짐승 버리고 꽃살이 되어 올까 몰래 피어 저처럼

한 송이 목단동자 눈동자엔 달빛에 그을린 채 붉은 황토
물 출렁이고
잘못 찾아온 듯 아닌 듯 휘파람새 한 마리 들었네

층층의 붉은 달집 아래 그 사람
함빡 핀 채 좌정한 저 목단동자 누구더냐 물어온다면

누가 다정히 내 이름 부르며 눈 맞추던 한때를 여기 내려
놓았더라
몇백 년 지나는 동안 속눈썹 흩어지고 입술이 닳았어도
저물지 않았더라 저처럼 대답이나 할까

나는 전생을 살라 길을 찾는 바람의 도시에서
붉은 눈썹 만발해 떠도는 짐승이어도

도솔천 문 앞에서 그대 마주하는 오늘
뜰 잎의 잣나무 몰아 해 실 녘 풍경소리 고요히
속눈썹 짙은 삼이 세 근이다, 화두나 남길까

누명

권정남

음력 정월 초닷새 기도발이 세다는 홍련암엘 갔다. 정초라 보살들은 좁은 법당에 무릎을 맞댄 채 기도 삼매경에 빠져 있는데 내 옆자리 팔순 노 보살 좀 보소 기도는 안 하고 반질반질한 눈동자로 나만 뚫어지게 쳐다보는 것이었다. 다짜고짜 당신 염주를 내가 훔쳤단다. 부처님께 일러바치기라도 하듯 큰소리로 도둑년이라며 나를 째려보고 있다. 내가 아니라고 손사래 쳐도 막무가내 대책이 없다.

그 소릴 듣고 있던 법당 밖 바닷바람이 내 팔을 당기며 슬며시 어깨를 감싸주신다. 상단 위 관세음보살도 한쪽 눈 찡긋하시며 빙그레 웃고 계셨다.

오대산 적광전에 다시 서다

권정순

이 산문에 채운처럼 흘러들어
해질녘 전나무 숲 초록 바람과 함께
아득히 세상 쪽을 내다본 적 있다

몇십 년 도시 깊숙이 구름처럼 떠돌다
옥빛 물을 건너 참으로 오랜만에 들어서는 산문
자장율사의 초당대신 북적거리는 기와 지붕들
다문천왕이든 비파를 들여다보는 긴 머리 애가
제 딸자식임을 고하며 법당 문지방 넘었다
석가모니불 아래 선사들이 앉았던 자리는 비어 있고
휘어진 무지개들이 쌓여 비대해진 내 마음
법당으로 들어오는 물소리
나는 세상을 한 짐 안고 들어왔다

새로 봉헌된 화강암 거대한 석등이 있는 뜰 안
추녀끝 풍경風磬은 미동도 하지않는다
하늘로 나가는 서까래와 허공을 딛고 오르는 다포 아래서
내 화장만큼이나 진한 단청을 올려다보며
속속들이 채색된 서로의 마음을 짚어보고 있었다

물의 해탈
―구름의 전설

권천학

둥둥 떠다니려면
몸을 말려야하고

말리려면 먼저 비워야 하고
비워내려면 채운 것이 있어야 하고
채워지면 깨끗하게 씻어야 하고
씻어내면 비로소
말갛게 된
몸

그 멀고도 먼 수행길에서
모든 것 날려버린 후에야
둥둥
마침내
하늘에 떠 있는 물이 되었다

밀밭 사이로

권태주

밀밭에 가면
한겨울을 이겨낸 초록의 밀들이
짱짱하게 일어서려고 한다

봄이 지나갈 무렵
중앙아시아 초원을 지나온 바람이
밀밭 사이로 지나가면
어느새 이삭은 누렇게 변하고
모압에서 온 나오미의 며느리 룻*의
보리밭이 떠오른다

보아스를 향한 룻의 사랑
정결한 여인이었기에 보리밭의 주인 보아스는
이삭을 줍는 룻을 언제나 지켜보았으리

먼 옛날
단군과 동족들이 우랄산맥을 넘어
초원지대를 지나 만주벌판까지 지나올 때
함께 했을 우리 밀
오늘은 이 땅의 들판에서
수확을 기다리며 익어가고 있나

*구약성경 룻기에 나오는 여인.
　보아스와 재혼하여 훗날 다윗과 예수님의 조상이 된다.

나는 일찍이 한 마디도 말한 적이 없다

권현수

말씀하셨지요?
길에서 나서 맨발로 걸어걸어 길에서 가신이여
말할 수 없는 것을 말로 일러일러
눈먼 자를 거두신 이여
나는 일찍이 한 마디도 말한 적이 없다
말씀하셨지요?

눈먼 저는 오늘도
대장경판 하나 머리에 이고
도량만 돌고 또 돌았습니다.

입춘기도

권희선

어둠은 아직 그대로
육신과 영혼 깨끗이 씻어낸
첫 새벽 공기
동해바다 죽도암 기도 길에 오른다
저마다 품은 꿈의 무게는 다르지만
소원하는 마음은 하나
시린 돌바닥에 무릎 꿇는다
기도는 나에게 항상 첫 마음이다
관세음보살님 자비로운 미소 뒤로
바위 끝을 치며 삼킬 듯
밀려오는 파도
기도는 낮고 강하게 울려 퍼진다
중심을 잃은 파도
기도하는 손길이 떨린다
파도가 숨을 고른다
백팔염주 합장하며 철 계단을 내려온다
또다시 속세의 바람이 분다.

첫물이라는 것

금시아

고해를 한다
망각은 밀쳐두었던 불편한 기억부터
지워버리는 습성이 있다
죄질이 빈약한 항목부터 밑줄을 긋는다
고해성사의 위력은
햇살보다 자생 살균력이 강하다는 것
머릿속 자책감이 초고속으로 살균된다
봉헌할 땐 첫물을 아끼지 말아야 한다던가
첫물을 아낌없이 봉헌한 걸 본 적 많다
어머니의 장날 보따리는
진주처럼 때깔 고운 땀방울을 먼저 들고 달렸다
바꿔온 첫물은 어둑한 밥상에서
작은 숟가락들의 웃음성찬이었다
나날이 희나리 때깔이었던 당신,
첫물 삼베 한 필 걸치고 봉헌되었을까나
명치의 죄책감이 성호를 따라다닌다
겹겹이 접혀있던 죄목들 화르르 잊힌다
어제를 말끔히 지운 오늘이
총총, 성당을 나선다

새
―천주교 해미성지

김가연

당신의 새를 본 적 있다

내 목소리를 듣고 내 생각을 읽고
내 집이 되고 나를 키우는 새
이따금 밖으로 나오기도 하지만
이내 도로 들어가
나를 살리고 나를 죽이는 새
나를 먹고 내가 되는 새

이미 당신도 만난 적 있는
흰 깃을 가진 새

해미읍성 성돌에 둥지 틀고
알 낳고 새끼 쳐 날아오르는 새

묻힌 얼굴

김경성

무릎에 얼굴을 묻고 생각에 잠기다 보면
눈물이 날 적 있다, 어떤 말로도 위안이 되지 않는
그런 사소한 슬픔까지도 무릎이 다 받아 내준다

어떤 슬픔이 있어서 그렇게 오랫동안 흙속에 얼굴을 묻고 있었을까
　새들은 날고 거북이는 걸어가고 아기고래는 먼 바다로 나갔다가 돌아오고 나무는 그 자리에서 그늘을 넓혀가고 수많은 사람들이 피었다가 지는 동안에도 무언가를 끊임없이 생각하고 있었을 그가 빛도 들지 않는 곳에서 찾고 싶었던 것은 무엇일까

처음부터 없었던 얼굴과 몸을 돌 속에서 꺼내 준 사람은
아직도 손에서 정과 망치를 놓지 못하고 있을까
경주 남산자락 흙 속에 파묻혀 있다가
천백 년 만에 고개 들어 세상을 바라보는 통일신라시대 불두佛頭
십여 미터 거리에 몸을 두고 그저 바라보고만 있었다니

세상의 슬픔을 다 짊어지고 흙속에 얼굴을 묻고 있던 그가
모든 색을 다 머금고 깨어났다

울음을 받아주던 산자락까지도 결국 푸르다

사라진 발

김경수(부산)

동래 성당 입구 옆 벽의 커다란 예수님 상像
발등은 언제나 별빛처럼 빛이 난다.
마음이 아픈 아주머니 신자信者가 고개를 숙이고 기도하며
발등을 만지고
눈물을 흘리는 노인 신자가
무너져내리는 가정을 위해 간절히 기도하며
발등을 오랫동안 잡고 있고

어느 날 빛나던 예수님의 발이 사라졌다.
세상에 너무 많은 몸과 마음이 아픈 자들
영원한 이별을 앞두고 눈물 글썽이는 가족들
아픈 자식을 위해 기도하는 신자들
간절함이 있는 모든 가정에 들르기 위해
예수님의 발은 지금 외출 중이기 때문이다.

내 안에 당신

김경수(서울)

처음 만났을 때 기억
슬픔이 없을 것 같은 모습에서
눈물자국 그려짐을
나는 알았네

강기슭 하얀 안개 헤치고
이슬 먹은 두 눈 들여다보며
힘차게 타오르는 그리움에
고뇌는 사라지고
하늘로 되살아났네

따스한 가슴에
몸 기대면
불꽃으로 함께 살아나는
내 안에 당신

염색체 이상이 아니지요

김계영

날 선 혼과 영혼으로 탐문 하듯
맥을 짚어가며
새로운 말로 고통을 죽이려 한다

관절과 골수를 찔러 쪼개기까지
크게 부풀어간 외로움
누구도 건드릴 수 없는
변덕스러운 믿음과 의심으로
혀 속의 쓰고도 쓴맛
이생을 돌아가는 바람에 흔들리다
울음이 터지고 마는 마주침

머리부터 발끝 사이 더듬거릴 새도 없이
불쏘시개 같은 당김으로 돌연변이가 되기도 하고
내 안의 스크린에 두근거리는 기도 한 토막이 되기도 하고

심장 속에 꼭 숨어 들어온 사랑의 메시지
오늘도 맑음이다

저물녘 은진미륵

김광순

소나무 허리 굽혀 미륵 앞에 절하네
석등 아래 배롱꽃 반야산 올라서면
은진들 맞절한 벼가 풍경소리 받았네

석조보살 미륵님 반쯤 열린 미소로
억눌린 흙투성이 얼굴들 바라보면
산새도 석탑 아래서 발자국을 남기네

그 하늘 아래·6

김광자

비 젖는 우2동 교회*
겟세마네 동산이듯, 萇산**을 울리던
저녁 종탑의 푸른 종소리

굵은 빗방울 줄기 사이사이로
승당*** 갯마을 집집을 방문하던 雨中의 길
"아 - 멘!" 목이 잠겼지

주기도문이 줄줄 새는 비 젖으며
삼삼오오 "주여!" 죄지음을 내리려
십자가 鐘울음 따라서 둑길 가던 옛 신앙의

'나의 갈길 다가오도록' 새벽송 울리던
그 하늘 아래

아뿔싸!
난 또 죄짐받은 탕아!
"주여, 내 맘에 회계 울음 집 주옵소서."

  *부산시 해운대구에 있는 교회.
 **해운대 우2동 북쪽에 있는 부산의 제2 왕산.
***우2동 교회 근처에 있는 갯마을.

혼잣말

김규은

혼잣말
그렁그렁
샘솟는
물소리

그 말 절절히

그 소리 절절히

빌면 기도다
쓰면 詩다.

축전

김금분

하늘에 쓰여진 축전을 읽느라 새들은 분주하다
누구에게 보내는 것인지 알고 있는 양
이 집 저 집 묻지도 않고 문 앞에 두고 사라진다

어두웠던 발등에 햇살이 퍼지는 시간,
응어리 속울음 털어 말리듯
보내오신 봉투를 열고
내 안의 깊은 골방 창문도 연다

주여, 해가 닿지 않는 구석의 상처를 끌어내주소서

자유로운 이파리처럼 입술을 열게 하시고
가시덤불 속에서도 기도하게 하소서

하루 한 장 눈부신 축전을 손에 쥐고
내게 주신 감사의 답장을 매일같이 엎드려 쓴다

백일기도

김금아

기도하고 있는 내 손 위에
노란 병아리 한 마리 앉았다
네 개의 손가락 끝이 해바라기가 피어난다
핑크빛 목도리를 두른 철쭉이
손가락에 불을 붙인다
손등 너머 사막은 노을빛이다
모래사막 주름에 겹겹이 창이 달려 있다
모자이크 창문들이 머리 긴 하늘을 물고 서 있다
주름을 쪼아 먹는 병아리가
날카로운 부리를 세운다
검은 귀를 달고 서 있는 스피크에는
애벌레가 기어 나오고
사각사각 말씀을 뜯는 누에는
노란 항문으로 기도문을 토해낸다
기도하는 집을 들고 다니는 붉은 넥타이를 맨 하나님,
와이셔츠에 핀 철쭉꽃에 나의 두 손을 올려놓는다

목마른 사슴

김금옥

저 멀리 언덕 위에 있는 나무 십자가 드높았던,
그땐 종소리 가물게 들려오곤 했다.
초등학교 5학년 때인가
손바닥만 한 성경책 들고 건성으로 다녔다.

'아부지 술 덜 마시게 해 주세요'
'하굣길 문방구 아이스께끼 1개 먹고 싶어요'
소원을 비는 날엔
술을 덜 마시는 거 같았고
엄마와도 싸우지 않았다

무의식 중에 그 사랑을 느끼면서도
어느 땐 사춘기처럼 반항을 하기도 했다

여전히 듬성듬성 이빨 빠지듯
주일예배 참석하는 게으른 집사,

여간해 닿지 않는 무릎에게 조차도
보이지 않게 사랑을 주시는 은밀한 주

뜨거움 마음 하나만 가진 채 나 언젠가 돌아가리.

당신을 만났다
- 오아시스 4 -

김금용

방향 없는 사막에서 당신을 만났다
살아있는 생명체는 오직 나
나 혼자이었던 사막 한가운데서
당신은 반전이었다

당신이 그렇게 귀를 세우고
향기로운 꽃빛을 하고
푸른 바다 냄새를 끌고
눈부시게 날 내려다보는 줄 몰랐다
어젯밤 꿈속에서 나는 고백하고 말았다
보고 싶다, 당신을 안고 싶다
두 팔을 다 펼쳐 안아도 닿지 않는 당신
다가가는 길을 가르쳐 달라
하늘과 닿은 지평선 길은 수천수만 개
그러나 도착은 한 곳일 터,
비밀을 푸는 열쇠는 오직 하나
높디높은 하늘, 당신 밖에는 길이 없다

당신을 부른다
길이 끊긴 사막 한복판에서

요즘 하나님은

김기턱

텔레파시가 흐르는 가게에서 별을 샀다
별 속에 길을 내고 씨앗을 뿌렸다
여호와는 지구별의 하나님, 나는 검은 별의 하나님
메네메네데겔우바르신 언어를 배우고
패턴인식으로 문을 연 세계엔 상징들로 가득했다
손가락 사이 별들이 뜨면
E.T의 손끝에서 만나는 외계인들의 교신
출근길 지하철은 신들로 가득한데
저마다의 행성에 문자를 보내고 메시지를 날리며 묵시록을 입력했다
서로의 존재를 확인하며 다운로드한 복음들의 행성에서
목마른 영혼들은 마녀사냥 게임을 즐겼다
나의 운명이 달린 신들의 게임도 아직 끝나지 않았다고
어둠의 피조물로 전락한 자폐아들은 세상을
피로 물들이고도 스위치를 끄지 못했다 너를 향한 집착처럼
별들이 접속하며 응시하는 창에는
빛의 환각인 듯 암흑물질이 흐르고 무의미의 상형문자들이 출렁인다
한시도 별을 보지 않으면 불안한 중독
매일 접신 중이다

나의 종교는 시

김다솜

그분 앞에서 108배를 했었고
나를 찾느라 책하고 씨름을 했지만
지금은 詩와 평온하게 동행을 합니다

광화문 광장에 잠시 머물던 촛불과
태극기들의 합창은 코스모스 씨앗처럼
붉고 푸른 허공에 뿌려놓고 떠났지요

즐거운 고독하고 지금 여기에서
훗날 위해 빛나는 흔적을 남깁니다
그대가 神이면, 나도 神입니다

성직자와 그 신도들이 쓰는 詩니까
詩가 최고! 팻말을 만들어 그 광장으로
그대 것이 소중하면, 내 것도 소중한 것을

외롭고 힘들 때 함께 한 책들이여
자유로운 영혼으로 살게 해준 붓다여
어느 시인님 시와 나의 시 고맙습니다.

법난사
− 북

김대봉

군홧발 같은
어둠에
맞섰다

한 자세로
침묵하다
침묵으로
용서하다

빙글빙글
피어나는
꽃

한밤이면
정법을 도와
뭇별처럼
빛났다

모란

김동원

스님 예?

눕는 게 좋아 예

서는 게 좋아 예

미친년!

스님 예?

물 관리는 어떻게 하여요

옮긴다!

어디로 예?

업業에서 심心으로 옮긴다

호 호 호, 훗 훗

나는 구름에서 꽃 삽으로
번지어요

십자가를 든 꽃양귀비

김두녀

시 한 편 잡으려 수시로 밤잠을 설친다면
보이지 않는 그분을 모시는 것과 뭐가 다르랴

풀꽃이 한창이던 오월 파르테논 신전 근처
산토리니 섬을 안내하기 위해 마중 나온 그녀
꽃잎에 검은 십자가가 그려진 양귀비꽃을 가리키며
그 지역에서만 피어나는 귀한 꽃이라고 말했다
빨간 손톱이 양귀비 꽃잎처럼 빛났다

스크랩으로 정갈하게 만든 가이드북을 성경처럼 안고
버스에 오른 그녀는 대사를 외우듯 하여
가는 곳마다 일인 극은 계속되었다
토막극이 끝날 때 일행들은 늘 박수를 보냈다

새하얗던 신비의 섬 산토리니
십자가양귀비꽃을 깃발로 든
내 또래의 경건한 신앙을 꽃 보듯 따라다녔던
소중한 영상이 눈앞에 펼쳐진다

종교

김두한

탯줄로 어머니와 연결되어 있던
태아는
탯줄이 끊어지자
어머니와
보이지 않는 탯줄로
연결되어 있다는
무의식을 갖게 되었다.
그가 자라나는 사이
이 무의식을 과학의 불빛이 밀어냈지만
그 불빛 바깥에서
이 무의식은 그 영토를 더욱 넓히고 있었다.
강 밑바닥도 수면같이 평평하리라 믿고
강물 속을 걸어가다가
갑자기 키를 넘는 깊이의 소에 빠져
목숨의 등불이 가물거릴 때, 그는
탯줄 끊긴 태아가 되어
그 보이지 않는 탯줄로 연결된
어머니를 찾았다.
종교,
엘리엇의 《황무지》에서
나는 그것을 보았다.

와송瓦松

김리영

비탈진 지붕 위에 태어난 원죄原罪
등 굽은 기와 곁에 눕지 못하고

처마 아래 누가 울며 지나가도
헛되이 시들지 않는 결구結球.

땡볕 아래 외줄기 몸 하나
오롯이 건사하는 듯 보이지만

오른쪽 줄기 구부려 왼쪽 줄기 위에 올리고
하늘 향해 꼿꼿이 새겨진 반가사유半跏思惟.

선수암 가는 길

김명수

그곳에 어머니가 계시다
새벽 다섯 시 머리를 곱게 빗으시고
머리엔 찹쌀 한 말 이고 한 손엔 내 손을 잡고
선수암을 향해 걷는다
가는 데 사십리 길 가다 쉬고 쉬었다 가고
네 시간 넘어 걷고 걸어 도착한 수덕사 선수암
머리와 얼굴이 하얗게 센 주지 스님
부처님과 공양 보살 하나 달랑 그렇게
아주 작은 새들과 아름 모를 풀꽃들이 반긴다

정자나무 아래서 땀을 닦고
솔숲 가득 숨었던 바람이 목덜미를 스치면
고요 속 들리는 새소리 공양 목탁소리
오직 묵언 침묵으로 합장 기도하고
부처님께 절하고 가르침 받고
도를 전하는 법당 안
이승에서 물든 귀 씻으라 한다
버리라 한다 비우라 한다

꽃과 나비

김무영

붓의 길이 흐트러지지 않도록
이슬로 내려
화분을 품고 수술을 향해 사뿐거리는 나비의 발길이 아슬하다

한 번 한 번
변이를 일으키지 않으려는 사투가 이어져
마침내 생명을 잉태하는

너머 영적인 믿음으로
시를 일깨움은 동서고금에 이어진 일이거늘
무엇이 무엇을 어쩌라 하리오

삼라만상
그 원은 오로지 자연으로
이치를 거스르지 않는 길일 뿐

기도

김문중

저를 공동체로 불러주신 주님
새로운 하루를 허락하여 주심에 감사드립니다

그리고 공동체와 그 안에서 함께하는
형제들을 위하여 기도드립니다.

참으로 예기치 못한 어려움과 아픔들이
저희 들을 짓누르고 있습니다.
불신과 두려움의 늪에서 헤어나지 못하고
영혼의 몸살을 알고 있는 우리에게

고통과 인내와 시련을 이겨내는
끈기와 지혜를 주시고 희망으로 이끌어 주소서
가슴속에 자리했던 기쁨과 슬픔, 근심, 불안
그리고 정체를 알 수 없는 어둠에 순간들도
당신께 봉헌합니다

당신을 가슴에 안고 우리가 서로에게
얼마나 고맙고 얼마나 소중한 이웃인가를
뜨거운 숨결로 확인하는 오늘 침묵 속에 떠오르는
신앙의 별빛을 발견하게 하소서

양파

김미연

속살을 벗긴다
미로를 따라가니 매운 울음이 꽉 차 있다
울음은 어디서 와서 쌓이기 시작했을까

내 늑골에도 슬픔이 쌓여있다
세상에 태어나 맨 먼저 배운 울음
어릴 때 어머니는 내 울음의 꼬리가 길다고 했다

내 안에 고인 기억은 모두 맵다
아버지를 점령한 바람 끝에 부러진 기둥
빈 젖을 빨던 칭얼거림
슬픔의 뿌리는 질기고 매웠다

연하고 눈부신 속살
티 한점 없는 이 몸에 어떤 상처가 지나갔을까
냄새로 말하는 이 문장은 그 슬픔에 닿지 못한다

몸 곳곳에 적힌 이야기에도
결말은 없다

흰빛은 창백하다
햇살이 섞이지 않는 파리한 빛이다

둥근 사연이 한 꺼풀씩 벗겨진다
여전히 해독할 수 없는 끈적한 말이다

내 몸이 품은 이 침묵도 오래 묵어 겹겹이다
말없이 톡 쏘아붙이는
이 슬픔의 덩어리

잉태거나 혹은 불임이더라도

김밝은

독한 마음만으로 마련했어요

함부로 찾아올 수 없는 곳 다만, 오늘은 뾰족하고 텅 빈 세계죠 사방은 희고 고요해서 까만 점 하나만 찍어도 문장이 될 것 같은데 두 손을 자판 위에 올려놓으면 가난한 뼈가 자꾸 제자리를 벗어나려고 해요

날뛰는 몸짓이 반복될 때는 열심히 숨 고르기를 해도 글자 하나 도무지 만져볼 수 없지만 뼈저린 생각이 온몸을 휘감다 잠시 눈감는, 바로 그때 한 줄의 싱싱한 표정이 만들어질 거라고 나를 들여다보던 입술 하나가 알려주었지요

피부가 원하는 물광이 내 문장에도 절실하다는 걸 바깥의 다른 이름들은 눈치채지 못해야 할 텐데, 무슨 궁리를 써서라도 짜릿한 이름 하나쯤 만들어야죠 더 춥고 더 쓸쓸한 내일일수록 무한 상상으로 뻗어 나가리라 믿으며,

서붓거리는 이야기들의 숙주를 꽉 부여잡고 있어요

백담사

김병중

시는 쓰는 일은
선을 쌓는 일이고
시를 읽는 일은
액을 씻는 일이다

부적을 시처럼 쓰는 스님과
시를 부적처럼 쓰는 시인은
배고프다 말하지 않고
여긴 해우소가 멀다고 한다

선을 쌓듯 시를 쓰고
액을 씻듯 시를 읽는
그 나라의 무영탑을
해가 알몸으로 탑돌이하고 있다

순교

김병해

구백사십오
헥토파스칼

초대형 태풍이
지나갔다

마을 어귀
그 우람턴 노거수

아름드리 당산나무
뽑혀 쓰러졌다

키 낮은 민초들
멀쩡하다

낮은 곳으로

김삼주

바람을 만나고 오는 날
가슴이 뜁니다
구름과 말을 주고받은 날
눈빛이 선해집니다
슬레이트 지붕에 떨어지는 빗소리 듣는 날
요동치는 마음이 가라앉습니다

거미줄에 걸린 낙엽 하나
그네인 줄 알고 살랑살랑 몸을 흔듭니다
위태로운 마음 하나
건져 줄 손길은 당신의 숨길입니다

목이 곧고 서슬 퍼런 푸른 잎들
당신의 숨길로 겸손함을 배웁니다

아픔을 어루만지며 곱게 물들어갑니다

낮은 곳으로 내려가 꿈을 짓습니다

사하라의 모래

김상률

소금으로 절여놓은 지중해의 해수 바람에 실려와
50도 지표면 햇살의 체온과 버무려져
내 등에 휘휘 마찰음을 일으킨다

사막에서 몰려오던 할라스 바람과
엎어진 지중해의 소금 발이
회오리바람을 말아 올리며 사막 산이 이동한다
마찰음 사이에 끼인 내 등짝은
땀구멍조차 미어져 몽글몽글하다
내 살점을 갉아먹던 포크레인 발자국 뒤로
여우가 콧잔등을 쿡쿡 찍는다

50도 햇살 체온이 낙타 등을 떠민다
낙타 발굽에 짓밟히고 등짝이 찍혀도
한번은 날아볼 요량으로 이 악물고 누워있다

갓 태어난 아이처럼 혼자서는 일어설 수 없는 몸
수만리길 어깨동무를 하고 있는 동료들
할라스 바람이 손 뻗쳐 올 날만 기다린다

신의 은총

김상미

　나는 종교인이 못 된다. 신은 믿지만 종교는 믿지 않는다. 가톨릭 신자가 되고 매달 교무금을 내지만 그건 신께 기도드리는 게 좋아서다. 내 이야기를 들려드리는 게 좋아서다. 신이 내 기도를 내 이야기를 귀담아들으시는지 그건 나도 모른다. 그래도 상관없다. 이제는 무언가를 간절히 구하고 찾아다니고 채우는 대신 나는 날마다 기도를 드린다. 기도는 내가 내 영혼을 비우는 방법이고 나는 내가 텅 비어있을 때가 가장 평화롭다. 평화는 겸손하고 자유로운 무無와 같다. 그 힘은 태어나서부터 지금까지 나를 나로 살아가게 해준 신의 은총이다. 그 때문에 나는 종교인도 굳건한 신자도 못 되지만 한 치의 의심 없이 신을 사랑하고 믿는다. 신이 아무리 나를 방치하고 불운한 기운을 뿜게 해도 "나는 내 백성이 아닌 자들을 내 백성이라 부르고 사랑받지 못한 이를 사랑받는 이들이라 부르리라."* 하신 신의 사랑을 믿는다. 신 외에는 아무도 내 마음속 깊이에서 피어나는 가시 많은 내 장미의 평화를 굽어보지 못할 테니까.

*로마서 9장 25절

예약

김상숙

　그녀가 오고 있다 분홍립스틱에 베레모를 고쳐 쓰면서 저기 그녀가 오고 있다 갈 날을 준비하러 온다고 누울 자리 예약하겠다고 하늘의 문, 추모관 예약실로 부지런히 걸어오고 있다 인생은 한바탕 꿈이라며 이승과 저승 구별할 것이 없다는 듯 아무렇지도 않게 제 발로 걸어서 온다 번호표 받으러 온다 팔 년 전부터 곧 갈 거라던 그녀가 팔백 년쯤 산 것처럼 하고 이번엔 진짜 갈 거라고 넘어진 십자가를 일으켜 세우며 온다 목련꽃 하얗게 피듯 구석구석 입맞춤하며 온다 강력한 몰핀과 대항하며 병정처럼 온다 함께 배를 타고 가던 가족들이 천천히 하선을 한다 마음 떨며 졸이며 흐트러뜨리지 않게 반듯하게 오고 있는 그녀의 발자국 하나에 귀 기울인다 발자국 두 개에 귀 기울인다 사막을 발견한 듯 낙타웃음으로 오고 있는 그녀 온힘을 다한 저 슬픈 바람의 꽃말 같은 그녀가 점점 가까이 오고 있다

나의 집 나의 하느님

김상현

나의 집, 나의 하느님
내가 눕고 뒹굴고 뛰노는 나의 집은 당신입니다
나의 하느님, 당신 안에서 당신을 잃고
내가 울 때 당신은 가만히 문을 닫아줍니다
내가 지닌 언의의 이빨은 너무 날카로워서
당신의 옷소매를 물고 마구 흔들 때
당신은 종일 끌려 다니며 고요히 침묵합니다
어느 날 문득 당신은 내 귀에 대고 이르길
아들아, 네 코 끝에 호흡이 내가 네게 주는 양식이다
그 호흡을 만드느라 내가 침묵하였다
당신의 그 말씀을 듣고 내가 깊은 호흡을 하며
일용할 양식이 나의 집에 가득함을 감사합니다
나의 집, 나의 하느님.

어머니 11

김생수

나는 종교가 아직이지만은
만약에 엄마교가 있다면
광신도가 되리라

아침마다 푸른 목소리로 매달려
엄마 엄마 젖을 빨 것이다

저녁마다 아기가 되어
엄마 젖무덤에 잠들며
참말로 신을 만나는 것이다

기울어진 각도

김서희

잠복해있던 낡은 시간들
견디지 못하고 결국 무너졌다

삐죽이 배를 내미는 거실 서랍장
들어맞던 뼈가 어긋났다
20년 넘도록 집안 공기를 씻어주던
해피트리 무게를 견디지 못하고
하루아침에 내려 앉았다

'행복'이란 꽃말을 잡으려
몸을 다 써버린 아버지
닫히지 않는 서랍처럼
허리가 고장이 났다
협착증의 통증으로
자꾸만 걸음을 놓친다

기력은 조금씩 날아가고
기억은 오롯이 남아서

하루하루 조용히 낡아가는
거실 서랍장
나의 아버지

어떤 부활

김 석

윤심덕의 한양살이 처음 가정교사 집은
검정 옻칠 마루의 적산敵産가옥 이층집이었다
솟을대문 문짝은 도끼날이 방금이듯 생살의
더러 이끼 돌길과 못에는 부레옥잠 속 금붕어
하얀 수선 봉우리가 벙글은 지당池塘이 있었다

청명 가을밤이었는데 웬 비바람
적산가옥의 이층 문고리가 풀리고
비바람 속 차츰 가라앉음으로 흐느낌의
뒤 명주 뭉텡이 커튼만 뜯기듯 흔들렸다
평양성 출신 심덕은 이를 깨물어야만 했다

수선水仙은 동경 음악공부 뒤 토월회 회원으로
밟힌 삶 보듬고 부흥회 때면 미려美麗 찬송가로
훤출 키 두 손 믿음으로 소나기 박수도 받았지만
참 아름다워라, 비에 밟히는 선상의 명주 머풀러
돌아와요 부산항에 현해탄玄海灘 몸을 던져야 했다

쓰다 멈춘 찰랑거림으로 어떤 부활 위해 컴퓨터를 켰다
죽음 없는 부활의 아니, 숙음 뒤의 부활까지 네트워크의
미증유의 유튜브, 쓸쓸한 사의 찬미 찾아서 흥얼거렸다

운판

김선아

새 한 마리

산문에 드는데 배춧잎 하나 떠내려 왔습니다.

절간에서 마음 자락을 저리 흘려보내다니

발길을 돌려야 했습니다.

그걸 보고 헐레벌떡 뭉게구름이 달려와

배춧잎을 건져갔습니다.

그 구름 속으로 날아오르는 점 하나

하늘 가장자리에 보였습니다.

무릎 꿇고

김선영(여강)

주님,
오래 전 잃었던 길을
다시 찾아갑니다
이토록
갈망의 몸짓으로
당신을 부릅니다

너무나 먼 길 돌아
이야기로만 남은 길
철모른 방황
머물 줄 모르고
때로는 바람처럼 허공을
맴돌았던 시간들

이제 한 잎
붉은 꽃송이로 피어
빗겨간 삶들
죄다 모으고
그리움 두른 채
무릎 꿇고
당신께 두 손
모으는 하루

시는 시인의 사원이다

김선영(서울)

죽은 시인의 시를 본다
그는 그의 말을 덮고 잔다

행간에서 행간으로 더듬어 천리를 간 일
순례자의 발이 거침없이 나아가 또 길을 만들고
신발은 해어지고 맨발은 찢겨져
시혼의 첨탑 안으로 몸을 접어 들어갔다

반달처럼 허리를 접어
제 몸안으로 들어가 언어를 껴안고 잠들었다
발에서 흐른 피는 장미가 되어 그의 잠을 덮었다
그는 순교하듯 시의 안으로 걸어 들어 갔다

죽은 시인의 시를 읽는다
그는 그의 몸에서 나온 장미의 향기를 덮고 자고 있다

반가사유상 半跏思惟像

김선옥

생로병사에 울부짖던
왕자의 눈물을 헤아리며
눈 속 깊숙이 숨겨진
죽음의 내밀한 세월을 느껴본다

대좌에 앉아
왼쪽 무릎 위에 오른 발을 걸치고
오른쪽 팔꿈치를 무릎 위에 올려놓고
손가락을 뺨에 댄 채
명상에서 찾은 그 깨달음

천년의 미소
반가사유상

수천의 말발굽이
쏜살같이 달려들고
빛살에 묻혀 다가서는
자비의 숨결

신라의 씨앗은 박제되고
시간은 펑퍼짐한 모습에 눈을 뜬다

도솔천을 바라보는 억겁의 눈
그윽한 깨달음의 반가사유상

산수유 길을 걷다

김선희(서울)

강물이 풀리고 '재의 수요일' 다가오자
손에손에 등불을 들고 지친 나를 반겨준다
앙상한 내 어깨 위로 노랑등이 켜지다

고요가 깊어지는 이 사유의 순간들
가난한 이의 등을 다독이는 따뜻한 손길
사순절 산수유 꽃길 묵상중인 기도처다

멈춘 기차도 아름답다

김성옥

눈 많이 내린 날
기차는 더 달리지 못하고
멈추어 섰다.

그대에게 달려가던
내 마음도
멈추어 섰다.

잠시 쉬어서 추억하는 것도
달리는 것보다
더 뜨거운 여행

다시 달리는 내일을 기다리는
빛나는 외로움!
아름다운 멈춤!

한낮의 가장 빛나는 그늘
―장유화상 사리탑

김성조

맑은 날보다
흐린 날이 많았다는 것은
지나온 걸음이 그만큼 뜨거웠다는 것이리라
불면의 뜰이 향기로웠다는 것이리라

한 떼의 철새들 풍경소리를 이고
집 없는 정처定處를 흐르는 사이
가랑잎은 이리저리 남은 번뇌를 사르고 있다

낡은 문양 이끼 푸른 사리탑엔
풍상의 옷깃인 듯
천년의 묵언이 피어있다

돌층계를 오르는 햇살의 기척에
얼핏, 선잠 들었던 대웅전
뒤뜰이 돌아 나온다

합장한 나그네의 이마 위에
한낮의 가장 빛나는 그늘이 일렁이다 간다

잡초雜草 101
−헤테로토피아

김성호

초목화훼 꽃잎 따 곁가지 꺾으면서
송두리 째 자르며 뽑아 짓밟지 마라
연연두 잎사귀가 네 앞길을 막아
너희 것 무엇 하나 빼앗았던가?

맞바람에 깃머리 흔들릴 적마다
양갈래 쏠려나가 어깻죽지 찢겨
와라락 뒤틀리며 허리춤 접히면
짐승들 찾아와 해작질 멈추쟎네.

여름날 폭풍우 겨울날 설빙풍에
흑갈 잎새 문드러져 뿌리마저 잘려
기둥 엉거주춤 기진해도 어깨 추슬러
통풍 다 참아가며 나래 펄럭일 뿐

낫날 톱니에 피투성 살피 팔랑개비 돼
파르르 초록 골육을 채 못 가누어
얼마나 땅 위의 살상을 더 견뎌야
봄날엔 떡잎 늠름히 돋아날까?

믿음의 뿌리

김세영

아득한 옛날, 유라시아 대평원에서
에렉투스, 하이델베르크, 네안데르탈, 데니소바, 사피엔스
지층의 오색 띠처럼 함께 살았다, 대홍수 때 배를 타고
파미르고원, 천산산맥, 알타이산맥, 티베트고원에서
구원의 부락을 세우고 함께 살았다

태양의 족속 동이는 동쪽으로 가서, 환인 하느님을 섬기고
천산의 천제단에서 올리는 기도의 말
천부경 속에 내려받은 하늘의 뜻
말씀의 뿌리가 동녘 끝까지 뻗어갔다
만년의 시간, 하늘 산을 넘으며
요하 유역과 동북평원에서, 텡그리* 나라를 세웠다

영육의 기가 약해질 때마다, 하느님을 불렀다
시련이 생길 때마다, 잘못을 저지를 때마다
어여삐 용서하실 때마다, 믿음의 뿌리는 깊어갔다
양과 음의 손을 깍지 끼고, 소망의 기파는 창생의 말씀처럼
땅과 마음속 어디엔들 씨알이 뿌려지고, 뿌리가 닿을 수 있었다.

*tengri: 고대 튀르크어에서 유래했으며, 하느님 신을 뜻한다

죽음은 召天

김소엽

죽음은
마침표(.)가 아닙니다

죽음은
영원한 쉼표(,)

남은 자들에게는
끝없는 물음표(?)

그리고 의미 하나
이 땅위에 떨어집니다
어떻게 사느냐 하는
따옴표(" ")하나

이제 우리들에게 남겨진 일이란
당신의 유업을 성실하게 받들고
남은 생을 부끄럼 없이 살고 난 후
기쁨으로 당신을 천국에서 해후邂逅할
느낌표(!)만 남았습니다

길상사

김소운

'자야'의 일터였던
성북동 언덕배기,
찾는 이들의 마음을
밝히는 절집이 있다.

평생 닿을 수 없는 사랑을
가슴에 품고 살다
고마운 인연을 만나
가진 것 다 맡기고
한 줌 재로 흙이 되고

사무친 그리움과 기다림은
승화되어 절집이 되고
범종이 되고 풍경이 되었다.
'맑고 향기롭게'

관세음보살님을 대하듯이

김송배

무슨 고뇌가 있느냐
아니 풀지 못할 갈등이 있느냐
자연 풍광을 찾아 헤매고
뭇사람 만나 문답하면서
"시는 종교와 같다"
나는 자주 왜 이런 말을 썼을까

시를 위한 믿음은 선지자의 발자국을 따라
어둠 속에서 나를 찾는 습성으로
얼빠진 내 심연의 암울한 장막을
영원히 걷어내기를 염원하였나니

오로지 인간들의 애환을 버무려서
맑고 밝은 심성으로 노래하리라
관세음보살님이 내 갈망의 소리를 듣고
무한한 자비심으로 감싸 안아주는
안온한 정령의 시혼들의 영혼의 찬가讚歌
온 누리에 잔잔한 음률로 울려 퍼진다.

원

김송포

    나에게 종교는 원이다 시작도 끝도 없는 둥근 원, 위아래가 없다

    두 손을 모으고 고개를 숙여 정중히 모시는 형상

    어렸을 때 어머니를 따라갔던 곳에서 겸손을 읽었다 다소곳이 무릎 꿇고 원을 모시는 사람을 읽었다 시는 원이다 칼이 되었을 글자에 원을 붙이면 공격을 멈출 수 있고 당신을 안을 수 있다 둥글게 품었을 어머니의 궁에서 태어나 다시 돌아갈 그 자리

    원은 나의 나무다

젊은 가을 저녁

김수복

사람이 사람을 구원할 수 없다고

골목길 너머 흐린 불빛들이

막다른 길의 맨발을 씻겨 주었다

부디

김수정

부디
우리가 슬프기를
아주 조금만 슬프기를
비 온 날 연잎처럼 슬퍼서
금세 비워내고 다시 일어서길

부디
우리가 아프기를
아주 조금만 아프기를
늘 푸른 동백처럼 아파서
새잎 돋아나고 더욱 반짝이길

부디
우리가 외롭기를
아주 뜨겁게 외롭기를
산기슭 꽃무릇처럼 외로워서
선연히 붉은 노래로 피어나길

흰배롱나무가 있는 선방禪房에서

김승기

하안거에 든 절집 마당
땡볕 속 배롱나무 홀로 붉어 공중으로 미끄러져 떨어지는 매미 울음 흩어질세라 꽃잎 속에 쓸어담고 있고

마당의 또 한 켠 멀쑥하게 키를 늘인 흰배롱나무도 몽글몽글 하얀 꽃송이 허공으로 빈손 주먹을 쥐었다 폈다 하며 하늘의 자연법문 열심히 설說하고 있고

선방禪房엔 가부좌로 앉은 비구니들 하나같이 돌이 되어 굳어 가고
숲 그늘에선 암컷 수컷 짝을 만난 말매미 요란스럽게 울어 젖히며 득음得音의 절정을 꽉 움켜쥐고 있고
마당 밖 연못 속 청개구리는 연잎 뒤에 바짝 붙어 매달린 채로 낮잠 황홀경을 그리고 있고

당신과 나, 우리는 함께 여기 이 풍경 속에 詩로 들어앉아 화룡점정畵龍點睛 그림이 완성되고

이토록 순정하고 완벽한 시불선詩佛禪의 만남, 그 아름다운 이율림 사랑의 융합이 어디에 또 있으랴

틀렸구나 싶어

김승동

관악산에 올랐는데
늦가을 비 훌쩍훌쩍 하는 날
관악산에 올랐는데
물 묻은 연주암 독경 소리에
떠난 줄만 알았던 상수리나무 잎사귀들
계곡에 바위틈에
부석부석 일어나 합장을 하더이다

엉겁결에
마주 두 손 모았다가 고개 들어보니
간데없이 산안개만 발밑에 자욱하더이다
색이 공이라 하였거늘
밀려드는 아쉬움에 헛헛하더이다

한 마음 다 비운 줄 알았는데
놓지 못한 욕심이 추적추적 하는 날
뿌리치며 올라가도
저만치 앞서가는 상념들
틀렸구나 싶어 돌아내려 왔습니다

먼 항로를 위해

김시운

언제 돌아갈지도 모르고
살아가는 일상의 연출이다
해 뜨면 눈뜨고 아침인가 하여
나팔꽃 피었는가 밖을 내다보고
해 지면 밤이 찾아와
달맞이꽃 피었나 바깥을 쳐다본다
죽을 때까지 몇 천 번이라도 이러고 있을 테지
돌아간다는 말은 다른 사람이 갈 때나
한두 번 들었지 뭐
제가 갈 때는 아예 생각을 안 해본다
아직도 풀리지 않는 바닷길 항로
이리 저리 뒤적거리길 수만 년을
대답 없는 메아리로 남았다
안다고 하던 사람들 그러게
깊은 바다에 빠트린 나침반을 찾는다
아직도 찾는 돌아가는 길
온 길이 어딘가를 알아야 돌아갈 텐데
돌아갔다는 이들은 아예 그 길을 못 찾고
말이 없이 가만히 누워들 있는가

석양의 기도

김시종

젊은이와 함께 있어도,
나는 지금 청춘이 아닌 것을
분명히 알게 하소서.

아름다운 꽃을 봐도,
현혹되게 마시며,
일정한 거리를 두고,
향기를 느끼게 하소서.

하던 일을 즐겨 계속하며,
새로운 일을 떠벌이지 않게 하소서.

몇 장 남지 않은 카렌다에,
낙서를 하지 말고,
여백을 즐기는 슬기를 주소서.

서운암 봄

김양희

봄볕이 내려앉자 설법하시는 항아리

금낭화 할미꽃 옹기종기 둘러서서

가득 든 말씀도 듣고
텅 빈 말씀도 듣는다

내가 당신을 사랑하는 일은

김연대

내가 당신을 사랑하는 일은
풀잎에서 진주를 따는 일이며
파도에서 포말을 건지는 일입니다

내가 당신을 사랑하는 일은
무지개를 심장에 박는 일이며
돌에다 그 마음을 새기는 일입니다

내가 당신을 사랑하는 일은
미완의 나를
완성의 나로 만드는 일입니다

종교와 시

김영곤

종교는
마룻바닥에서 시작되었고
시는
언어의 배움으로 시작되었다

종교는 아버지이시고
시는
어머니이시다

아버지가 있어야
어머니가 있어야
너와
내가 존재한다

시와
종교는
부모님 이시다
내가 말을 배우고 네가 믿고 있는

벨링포젠 고원*에서

김영자

생것이었어 날것이었어 마른 벌판, 살아 있는 것이 없을 것 같은 그 가슴 주머니 속에서 작은 풀들이 돋아났어 해가 쏟아지고 비가 내렸어 키 작은 풀들은 숨소리 끌어안고 한 켜 한 켜 말씀을 쟁이면서 어깨뼈의 고통 없이 태어난 태초의 살이 되고 싶었어 눕고 싶었어 물 사발, 맑은 물그릇처럼 높은 그곳에서 몸을 눕히고 싶었어 둥근 배꼽을 열어 놓으신 하느님의 탯줄을 타고 누워서 피는 물렁물렁한 잎사귀들의 꽃으로

*노르웨이에 있는 해발 1,500m의 광활한 고원.

목불 사리 木佛舍利

김영재

목불사리 친견하러 천왕봉 찾아갔다
세석평전 지나서 제석봉 오름길에
노을 속 고사목 한 그루 나를 불러 세웠다

개미의 종교

김영진

개미는 오전에 성경책을 꺼내 읽고 오후에는 불경 판을 읽는다.
개미들 공통분모의 황금률은 받기를 원하는 대로 남에게 베푼다.
개미의 갈 길은 멀고 낯서네만 頌歌는 늘 개미를 설레게 한다.
개미는 눈 감은 채 세상으로 들어가고 세상이 개미에 들게 한다.
개미들도 영원히 살수만 있다면 종교를 원하지 않았을 것이다.
개미들이 자연을 지키느라 우주를 바스락거리며 돌아다니는데,
오전의 예수는 빵을 주시고 오후에 오신 붓다는 밥을 주신단다.

플라스틱 부처

김영탁

　어디서 왔는지 모를 플라스틱으로 만든 애기 주먹만 한 부처, 정수리에 상투 구멍을 만들어 언제부터 누가 매달아 놨는지 대웅전大雄殿 가운데 자리도 아닌, 백미러에 매달려 흔들거리는 후광後光도 없는 플라스틱 부처, 어느 날 그 행적이 궁금하여 부처의 엉덩이 밑을 바라보니 중국에서 건너오셨구나! 가볍고 조잡한 플라스틱 싸구려 중국제라고, 그럼 그렇지, 고개를 끄덕이지만, 그래도 금물을 들여 번쩍번쩍 금빛의 부처, 백미러에 매달려 나를 지그시 바라보시네, 내가 운전을 하며 앞차나 옆차에 대고 보행자와 오토바이에 대고 씩씩거리며 쌍말이나 욕을 할 때마다, 백미러에 매달린 플라스틱 부처는 말없이 바라보셨네, 사람보다 차가 우선이라고 믿던 습관이, 횡단보도에서 사람을 깔아뭉갤 뻔했다가 다행히 가벼운 사고에 나는 가슴을 쓸어내리며, 아이고, 부처님! 두 손을 플라스틱 부처를 향해 비볐네, 여기저기 다니며 절했던 우람한 대웅전 부처보다 내가 타고 있는 승용차가 대웅보전大雄寶殿이고 금부처였네!

어머니, 신의 다른 이름

김왕노

어머니 십자가에 매달린
나의 주님이셨다.
내 죄 사함을 위해
까마득한 십자가에 못 박힌 주님이셨다.
구원의 피 철철 흘리다가
살은 까마귀밥이 되고
뼈는 풍화작용으로 삭아 내린 주님이셨다.
다시는 찾을 수 없는 어머니
메울 수 없는 눈물샘을 내게 파놓고 사라진 어머니
끝없이 어머니를 부르라고
나만 홀로 버려두고 사라지신 어머니
어머니 어느 부활의 무덤에 잠들어 계시나
세상 모든 무덤을 열어젖히며
어머니, 어머니 부르라는 듯 사라지신 어머니
어머니란 긴 이름으로 나는 나를 매질한다.
온 몸에 번지는 시퍼런 멍, 멍, 멍
어머니는 나의 주님이기보다
차라리 나를 용서하지 않는 신의 다른 이름이기를

나왕케촉*

김용화

음악이 있기 이전에 먼저 소리가 있었다
그의 노래는 소리의 세계에 있다
별과 별 사이를 스치는 아스라한 바람 소리다
어미 뱃속에 웅크린 태아가
깊은 잠에서 깨어났을 때
달팽이관을 통해 들려오는 우주의 숨소리다
우산살처럼 펼쳐진 타르쵸 오색 깃발이
스산한 바람결에 날리는 저녁
소금 자루 운반하는 야크 떼 꺼진 옆구리를
시리게 스치는 초원의 바람 소리다
끝없는 망명의 길 달라이라마의 수행승이 되고
히말라야 산기슭에 은둔자로 살아가던
나왕케촉, 언제부턴가 대나무 피리 한 자루로 떠돌며
고독한 티베트의 바람을 불어 내기 시작했다
태양은 날마다 떠올라 같은 길을 돌아올 뿐
그대 외로운 혼이 한 자루 대나무 피리를 만나면
티베트의 산과 강이 흐느끼며 춤추고
마침내 설산을 넘어
남쵸호 광활한 호수에 쏟아지는 새벽 별이 된다

*중국의 티베트 침략 후 인도 망명, 달라이라마 수행승이 됨.

새벽기도

김운기

지혜의 샘물로
때 묻은 생각의 언저리 씻고
총명한 언어로
입을 열려고 해도
먼지만 맴도는 혀,
청정한 마음 가득
은접시에 담아
그대에게 보내고자 하나
회개하지 못한 마음 엉켜

입술을 열기가 부끄러운 새벽기도
경건한 마음으로 은총의 향을 지피고
찬미의 촛불을 고쳐 밝혀
주어진 한 날
첫 시작의 창을 닦아
그대에게 드리는 새벽기도

삼경三更

김원길

대웅보전 뒷산에 와
우는 소쩍새

엊그제 머리 깎은
총각 중 울리려고

서러이 서러이
울음 우는데

법당 안 조는 부처
그걸 모르고

울지 마라 울지 마라
울지 마라며

한밤 내 소쩍새만
달래고 있다.

나의 詩

김원욱

    집 안에 걸린 오래된 액자를 들여다보다가 문득 첫눈 내리던 날 가야산 자락 어느 분의 다비장, 화염 속으로 뛰어든 눈발에 갇혔다

    강산이 세 번 바뀌고 가정도 바뀌는 동안 눈 내리는 액자 속 작은 암자는 변함없이 화염에 휩싸여 있다

    잠시 머무는 집을 나와 가만히 암자로 들어서니 잘 닦인 사리 구슬이 거친 눈발을 뚫고 공중으로 솟아올랐다

    이때 화엄華嚴에 든 내 시詩가 슬금슬금 먹물 속으로 스며들었다 시간의 행간에서 깜빡 한눈파는 사이

    총부리 매서운 제주 들판, 이 악물고 떠내려온 몇 송이 눈*처럼

*등단 시 '첫눈'의 부분

시편 23편

김월준

『나 비록 음산한 죽음의 골짜기를 지날지라도
내 곁에 주님 계시오니 무서울 것 없어라』
시편 23편을 읊으며
가스 대기실 앞에서 오들오들 떨고 있는
유태인 소년 앞에 석방!
하는 청천벽력 같은 명령이 떨어졌다
가스 판정관은 독일군 유태계 장교였다
불교도 기독교도 구원의 종교다
그 보다 드높은 시는 영원한 구원을 노래할 것이다

와불

김 윤

관음 허리로 노란 반달이 지는 걸 보네
방바닥에 금이 그어져 있고 숫자가 붙어있네
커다란 안치소 같은 방에 익명으로 누워서
불이 꺼졌네
사람 속내마다
백 개의 지옥이 지어졌다 허물어지는 걸
누워서 바라보네

유리창 너머 환한 사리탑이
산 같은 근심을 들고 서 있다가
갑자기 걸어와 철렁 물소리를 냈지
누군가 등에 짊어지고 가는 술통같이
내가 쏟아질듯 흔들렸네
여기 누운 이들 다 와불이라고

탑 아래 배후를 내려놓고
작은 여자가 또 절을 시작했지
몇 천 배 하려나 필살이지

유교 시인

김윤숭

가톨릭문인, 크리스찬문인, 불교문인
유교 문인은 없네
유교는 무얼 믿나
다른 종교와 똑같이 신을 믿지
신줏단지 떠받들 듯이 한다지
신주를 목숨같이 여기지
십자가 못지 않다네
십자가에 조상 이름 새겨
집집마다 떠받드는 거와 같은 것
나는 유교 신도니 유교 시인이 되리
무릎 꿇고 시를 떠받드는 신
시의 신이 되리
김소월. 김영랑, 윤동주. 이육사
시의 신을 떠받들며
유교 시인을 넘어
소월시교. 영랑시교, 동주시교. 육사시교
나름 새로운 시의 교주가 되리

믿음의 패턴

김윤아

등줄기 타고 내리는 햇빛 자락
어머니에게서 부쩍 마른 풀냄새가 난다
구수했던 품새는 다 날려 보내고
실핏줄 몇 가닥 남아 파리한 입 맥
예배당에 차를 세우고 약 타러 가는 길
젖은 날개 같은 몸뚱이가
조수석 귀퉁이를 빠져나올 때까지
차 문을 열어 기다리며
시퍼런 하늘에 내걸린 십자가가
어쩐 일인지 나는 미웠다
곰팡이꽃 핀 마음을 걷어내 다시
햇것이 된다면 어서 천국 가고 싶다는
저 여인이 차마, 기쁨이 될 수 있을까
한때의 신앙처럼 절절했던 저 여인이
무거운 십자가를 끌고
구부정한 길을 앞서 걷고 있다

하늘 가까이에서 「나」는
―북한산 백운대에서

김윤자

맨 처음 성전에 갔을 때도
이렇게 두렵진 않았습니다.
주님께 죄를 낱낱이 고백할 때도
이렇게 떨리진 않았습니다.
북한산 정상에 올랐다는 기쁨보다
무서움으로 바위 밑에 몸을 숨겼습니다.
대자연의 봉우리, 하늘 가까운 이곳에
내가 서기엔 너무나 부끄러웠습니다.

나는 바람이 흘리고 간 티끌 하나
날아도 날아도 숨길 수 없는 알몸으로
광활한 갯벌 갈대숲 헤집듯
아린 생채기만 자꾸 드러났습니다.

하늘 가까이에서 「나」는
새로운 옷으로 몸을 감싸 주시는
손길을 보았습니다.
작아진 나를, 상처투성이인 나를
왜 사람들이 그렇게 산으로 가는지 알았습니다.

구멍을 견딘 초록

김윤하

봄볕 환한 장자호수공원 잔디밭 가,
나무 기둥 속이 휑하다
뻥 뚫린 가슴 구멍이 아이 머리통만 하다

구멍 밖 세상으로
사람이 지나가고, 강아지가 지나가고
잔디밭 끝 다른 나무의 기둥도 보여주는데
껍질만 남은 것 같은 기둥의 물관은 어떻게 견디는 것일까

누군가 보이지 않게 호숫물을 먹이고 있는 것인지
지난 계절의 한파와 불볕더위가 지나다닌
저 구멍을 견딘 초록이 자라고 있다

뻥 뚫린 구멍 메워주는 손길
휑한 가슴 속 쓰다듬는 눈길이 보이는 것 같다

온 세상 굽어보시는 사랑으로
작고 여린 봄 잎들이 나뭇가지에 빼꼼히 매달려 있다

강화도 보문사

김윤호

단군 왕검의 혼이 서린
마니산 참성단 아늑한 산자락에서
극락보전 아미타불은
관세음보살 대세지보살 양 옆에 거느리고
서해마다 작은 섬들 사이로
밀려오는 파도를 바라보네

나라가 위태로울 때
부처님의 힘으로 나라를 구하고자
16년 동안 팔만대장경을 만든 호국성지 강화도

삼천리 금수강산이
몽고군의 말발굽에 짓밟힐 때
구국의 결사대 삼별초가
장렬히 피를 뿌린 항쟁의 섬

마애석불 얼굴 위로 떨어지는
저 핏빛 단풍은
누구의 처절한 아픔이 물든 것인가

주일엔 교회와 교외를 오갔다

김은우

길 아닌 곳엔 발 딛지 않을 거야

꿈과 이상으로 가득한 내일을 위해
수많은 유다족의 이름을 되뇌며
일용할 양식을 □흡으로 구했다

울퉁불퉁한 마음은 바람이 없어도 펄럭이고
옥수수밭을 지나 포도밭이 끝없이 펼쳐지고

노래가 되지 못한 문밖의 소리
포도밭 언저리에 머물던 생각들
이리저리 흩어졌다

더 높은 곳을 향하여
사랑을 앓고 슬픔을 앓고 죄를 앓고

해지는 저녁 기도문을 외며
입 안 가득 복음을 몰고 다녔다

찻잔

김은정

칠불사 영지 돌의자에 앉았어요.

태양이 빨갛게 지리산 능선에 서 있는 오후
산기슭이 야생의 힘 전하는 자리에 핀 차꽃
백두대간 비밀통로 만나 하얗게 증명합니다.

잠시 일어났다 사라지는 물결과 친구 해보니
잠시 일어났다 사라지는 물결과는 친구 하지 마라
라는 충언도 잠시 일어나 출렁이던 한 물결이라

세상 혈관 뚫어주는 미세 철석같은 강렬한 찰나
가끔 여기 머무르는 청운의 사뿐 발자국 찾으며
잎의 즙도 꽃의 즙도 영지에서는 무기교입니다.

토박이 유한 자생 언어 문자 야단 유희도 없고
이심전심 옥로 벽라 용정이 마주 상록 본받으니
해인 거울 한 잔의 운치에 취해 청정 넋 곧습니다.

광합성 영수증은 누가 발행하나요?

소백산 단군성전 약사암

김은희

왔느냐!

보이느냐!

깨달았으냐!

자기 심경

김이대

반야심경을 읽는다
사우나 에서는 일곱 번, 그리고 천수경을 네 번 더 외우고 땀을 흠뻑 흘리고 나온다

어머니는 학운사 보살님께 마음을 맡기고 불경을 외우시며 믿음이 깊으셨고
아내는 서봉사 합창단원으로, 사물놀이 징쟁이로, 불사를 하고
아침 마다 염주를 굴리며 간절한 마음으로 기도를 한다
동생은 이름난 절의 신도 회장으로 큰 불사를 하고 마당에 탑을 세우고 깨달음이 깊다

그러나, 나는 왜일까
금강경 필사 까지 해도 간절하지 못하다
합장을 하고 해도 다가가지 못 하고 돌아오는 마음
겉과 속이 다르다
나는 사이비,
그리고도 사우나에 가면 반야심경을 외우고, 잠 안오는 밤이면 또 외운다
그래도 부처는 보이시 않는나

원圓

김인구

저 흐르는 강물,
내 안으로 들어와 몸 안의 몸이 된다
저, 흐르는 강물이
내 안에 닿기 전까지는 내 몸 밖의 몸

초록을 배후로 둔 풀꽃들,
내 안에 들어와 몸 안의 몸이 된다
내 안에서 흔들리기 전까지 저 너른
사원의 풀꽃들은 내 몸 밖의 몸

허공을 떠도는 저 눈 먼 바람은
내 몸 밖의 투명한 종소리
내 안으로 들어와 숨 하나 빚어
고요히 나를 받드네

나는 안과 밖이 만들어 낸 인연덩어리

죽음이란 몸 안의 내가 몸 밖의 나로
되돌아가는 것

저 모든 것들이 미래의 나

대재앙

김인숙

하늘은 이미
부서질 대로 부서졌다.

가을이 가고 바로 여름이 왔다.
솔잎이 노랗게 물들고
사과가 하얗게 익었다
사계절을 노래하던 가수는 달나라로 갔다.
눈동자에 초점을 잃은 사람들은
바람이 부는 쪽으로 몰려다니며
여름에 털외투를 선물로 주고받았다.

사람들은 뒤질세라 앞서서
매미 이름으로 천년 치 생명보험을 들었다.

어떤 사람들은 아주 먼 행성에서
잠깐 빌려온 일들이라고 했지만
이 별이 부서지고 찌그러지는 일은
이 별에 사는 사람들과는 아무런 관계가 없다.

인류는 이 미약한 힘으로
꽤 오랜 시간을 버티며 살아왔다.
별의 주인을 자처하면서도
재앙을 신으로 여기는 사람들이 있다.

그 빛 여호와, 몸을 원하네

김인희

고난을 뼈에 새긴
몸을 가진
그 고난, 품격이 된
지상에 서 있는 나무들이 있다.

그 빛 여호와,
"세상에 임할 때에 제사도 예물도 원치않고
오직 몸만을 원했느니라."*

"이긴 자는 땅을 차지하고
진자는 하늘을 차지한다."**

몸을 가진 지상의 나무들이 경전이 된 적 있다
세상의 권세를 한 손에 쥔 여호와조차도
한 그루 나무로 지상에 살고 싶었던 적 있다

내 몸에 새겨진 고난과 사랑의 흔적
몸이 없는 그가 가장 부러워한다.

*성서
**바가바드 기타

마지막 언어

김일순

생기가 식어 뭍으로 돌아갈 때까지
영혼이 궁창으로 올라갈 때까지
뭍과 궁창의 언어들로
당신을 노래하겠습니다

풍랑이 이는 바다와 넘실대는 산과
어둠이 걷힐 날 없는
헐벗은 사람들 마음 녹여주는
온갖 언어의 조각들 불러 모아
태초를 노래하겠습니다

나의 노래가 보잘 것 없어
다시 뭍으로 돌아올지라고
이 땅에서 마지막 언어
두 손 모으고
처음의 말씀으로 불 지피겠습니다

묵상하는 고백

김재천

낯설은 너는
이미 내안에 있었던 것처럼
친숙하게 다가 와 있음을

너는 모르리라
살아가면서 셀 수 없이 많은
사람과 사물을 만날 때에도

이미 내 안에 있었던 것처럼
익숙한 시선을 주고 받을 수 있었던 것도
하늘의 뜻으로 여겨

고백하노라
묵상의 기도를
저도 모르게 드리고 있지 않았던가?

부활절, 다음

김재홍

선배님, 유난히 조용한 주말 저녁입니다
부활의 뜻을 모르고 부활절을 보낸 다음
부암동 옥상에 선 마음은 절박하군요
여기서도 하늘은 여전히 높고
인왕산 기차바위 바라보는 눈은 어둡습니다
선배님께서 금요일 오후면 보내주시는
교회력의 이정표들과 거룩한 역사들이
자꾸만 눈앞에서 벌어지는 오늘의 일이거나
바로 내일의 일이 되기를 바라는 날들입니다
한 통의 편지를 부치지 못한 지 오래입니다
무엇을 바라는 마음은 무엇을 향해 한없이 흔들립니다
제가 지나온 시간이 더는
저 모란의 가지 끝에 매달려 있지 않기를
흰 달을 이고 고개 넘어 움막을 찾는 걸음으로
오늘은 간절합니다
선배님께선 무엇을 지향합니까
선배님께선 어느 하늘을 이고 계십니까
오늘같이 바람도 조용한 저녁
"엄마, 여긴 어디예요?" 하는
저 어린것의 목소리가 또렷이 들립니다

경계 혹은 망상

김정운

하루를 살아 내는 동안
수없이 경계에 부딪힌다
저물어 가는 무게로
느긋하게 지긋하게 스미면
가슴으로 그어진 현 하나가
팽팽해진다
현의 기운에 간섭이 시작되면
지금 내가
넘어서야 하는 경계이다
젖은 쉼이 묵직 해 온다
무게를 감당하기 위해 간섭을 놓아버린다

마음을 움직이면
다른 경계에 물든다
몸을 일으킨다
바깥을 본다
산수유꽃이 피었구나

보지 못한 하나님을

김정원

너무나 모르는 하나님을
꼭 뵙고자 오래 갈망했습니다

밤하늘의 별 땅위의 풀꽃들 뭇새들은
모두가 당신을 아는 듯 찬양하고 있었습니다
땅을 밟고 있는 나를 빼놓곤,

사람으로 철들자 무슨 연유로, 문득
빛의 걸음으로 오시는 님
파도칠 때 깊은 숨소리
나뭇가지 흔들릴 때 몰래 오시는 흰 옷자락,

보았기에 믿는 게 아니라
정녕 믿음이 보게 된 축복이었습니다.

윤4월 손 없는 날

김정윤

마음에서 생각을 끄집어내 봐도 자주 오질 못 했던 곳
꿈에서도 나타나던 솟티고개
여기저기 발자욱이 찍혀 화석이 된 지 어느덧 스무 해
비안개 자욱한 이승의 한 모퉁이에 쪽파꽃이 피었다
하얀 면사포를 두르고 연둣빛 꽃망울을 매단 쪽파 군단
다치지 말거라 말거라
어둠에서 밀어 올린 꽃향을 말해 보아라
삶의 아린 통증을 손톱 밑으로 숨긴 그 마음
어디서 이런 옹골찬 힘이 뭉쳐 있었더냐
세상 빛 보기 위해 몸을 푸는 엄청난 기도
그 빛 하늘에 닿아 열매를 맺으리니
솟티고개 마루에서 살다가 하늘문으로 이사를 한 그대여
오늘 하얀 그림자 위에
붉은 아크릴 십자가를 두 손으로 바친다
긴 여정에 지쳐 못다 쓴 편지를 가슴에
 안겨주고 나니
유리창에 비친 하늘이 부치지 못한 편지처럼
푸르게 마르고 있더라

시, 너라는 종교

김정인

벼랑끝에서 절망 앞에서
그리고
희노애락 다 쓸어담고
경건히
무릎을 꿇고 통찰하는
너, 시라는 종교

오월의 성모님

김정환

청자빛 하늘에 종달새 높이 날아오르고
어디선가 아이들 노랫소리 들려오는
아! 오월의 창공이여…

싱그러운 풀 내음이 코를 간지럽히고
초록이 짙어가는 녹음처럼 우리 마음도 녹색이어라
오! 신록의 오월이여…

눈부시게 아름다운 대지 위에 꽃잎은 더없이 휘날리고
모든 꽃봉오리 벌어질 때 그 향기는 눈꽃처럼 황홀하다
아! 오월의 장미여…

온 인류의 어머니시며 교회의 어머니시고
성인 중의 성인이신 성모마리아의 축일을 지내는
오! 성모 성월이여…

모든 것 속에 하나

김조민

자그마한 상자가 바닥에 놓여 있어요
상자의 뚜껑은 닫힌 채죠
혼자 타오르고 저무는 시작이에요

그해 봄은 유독 흐린 날이 잦았습니다
꽃은 일찍 졌고 나무는 가지를 뻗지 못한 그대로
눈이 내리고 꺾이고 바닥에 놓인 채
꿈을 맞기도 했어요

상자의 안쪽은 눈물처럼 온통 암흑이었어요
보이지 않는 바닥을 견디며 차오르던 것은 질문뿐
젖은 모퉁이에 작은 창이 생기는지도 모르는
어지러운 기도였죠

자그마한 종이상자가 바닥에 놓여 있었어요
발로 툭 차면 와르르 무너지는 껍질이었어요

맨발로 걸어오는 이가 있습니다
사랑, 절실한 기도였습니다

정녀貞女의 수어手語

김종태

하얀 저고리에 검은 치마, 그의 옷에 달빛이 은은했다
할 말 안 할 말들을 머금은 채 가지런한 입술은
바람 잦아들던 허공으로 슬쩍 심호흡을 하였다
검지 끝에서 시작된 비둘기의 순한 날갯짓

닿을 듯 스칠 듯 두 날갯죽지는 전생을 기억하고
다가올 시간은 묵언 속에 잠재운 채 여린 깃털을 날린다
기억 저 멀리 가물대는 노래를 떠올리려는 것일까
문자 잃은 언어를 저녁 우물에 적시려는 것일까

못 알아들을 말들을 자장가로 달래는 듯
배내옷 아기들의 합장合掌을 염화미소로 어루만지는 듯
비로자나불 속으로 미끄러지는 꿈결 같은
단아한 옷매무새에 머무는 아늑한 숨결 같은

그 옛날 인연을 부르듯 운석의 밤을 추억하는가
지상의 그늘을 어르고 간 천 개의 손들을 그리며
하릴없이 새어 나간 허공의 음성들을 기리며
떠난다 수다스런 기호들 사이 언어도단의 바다로

파르티타 6번

김주혜

글렌굴드가 연주하는 파르티타 6번
어둡고 염세적인 분위기가 흐르는 납골당에서
제대로 살아보지도 못하고 간 이들에게
'라자로야 일어나라' 했던 예수처럼
그들을 불러 깨우고 싶다
조선시대 백자인 양
고려시대 청자인 양
위장한 모습으로 이름 석 자
먹빛으로 내리는 어둠에 몸을 섞은 이들
누구누구의 아비요, 어미였던
누구누구의 숨결이요, 심장이었던
그림자 없는 그들을 위해
얼었다 녹고, 또 언 시간들 모두 펼쳐놓고
그리움으로 무너진 가슴뼈를 보여주며
라자로에게 한 주문을 걸어본다
이미 생의 지도에서 점점이 사라진
그들 운명의 표지를
이제와 눈물로 바꾸려하는 나를,
신이 더 이상 허락하지 않은 나를,
글렌굴드의 애질한 선율이 나틈어순다.

갈대 수도원

김지헌

섬 속의 섬으로 가는 길
떠난 자들의 헌 의자 하나
동그마니 떨고 있다
마지막 다리를 건너면
눌러앉아 원주민이 된 바람이 길목을 지키며
입도허가서를 나눠주고 있다
더는 물러 설 곳 없는
하류 인생들이 모여 산다
누군가 꺼내주기 전엔 한 발짝도 벗어날 수 없어
어디서도 주목 받지 못하던
늘 젖어있고
언제나 맨발이다
젖은 것들끼리 어깨를 기대고 체온을 나누며
부딪쳐가며
그 길 끝에 새들이 모여 살고
길 고양이들이 모여 산다
섬을 벗어 날 때 쯤
갈대 숲 한가운데 그레고리안 성가가 울려 퍼진다
시린 하류인생도 묵상에 드는 시간
북국北國은 멀고
새들은 날개에 새 엔진을 장착했다

연못 안의 부처

김진명

양평 두물머리에서
핑크빛 개구리를 만났다

올챙이 시절 오르고 싶었던 좌대,
성큼 뛰어올라 앉으니
천상천하 유아독존이다

삼라만상이 담긴 연못
연꽃 흐드러진 극락
연밥 속 씨앗이 까맣게 익는다

연잎 위를 구르는 물방울도
부처가 되려고 또르르 염불을 왼다

연못에 울려 퍼지는 염불
개골개골 또르르 옴마니반메훔
개골개골 또르르 옴마니반메훔

줄기를 세워 좌대를 편 연잎 위에
개구리 한 마리, 부처가 따로 없다.

참새의 눈

김진성

다 날아가고
혼자 날아가지 못한
참새의 눈이
내 눈과
딱 마주쳤다.

나는
그 까만 콩알 같은
눈을
잊지 못한다.

옛날에 내가
성당에서 세례를 받고
절에 놀러가서 본

꼬마
동자승의
눈망울처럼.

민들레, 도시 위에서

김찬옥

꽃이

色을 버렸다

온몸이 날개가 되었다

회색빛 감옥 문이 스르르 열렸다

하얀 새가 지붕을 가로질러 샤갈의 도시 위로 날아올랐다

하늘이 땅이요, 땅이 곧 새털구름을 찍어내는 구름공장이 되었다

봄비가 내립니다

김창범

주일 새벽, 봄비가 내립니다.
내 창을 두드리며
눈물 흘리시는 그분 소리에
그제야 눈을 뜹니다.
창을 열고 봄비 소리를 듣습니다.
첫 예배를 드리는 마음에
한 방울 한 방울 말씀으로 떨어져
마른 풀 같은 내 영혼을 적십니다.
어찌하여 죄인의 집에도 찾아오시나요?
그분은 말없이 다가오시고
나는 봄비로 걸어오시는 소리,
맨발로 오시는 그분의 소리를 듣습니다.
두 눈을 감고 듣습니다.
낮고 낮으신 그 부르심이
빈들에 가득히 들려오고
시들은 내 영혼이 소리 없이 웁니다.
멀리서도 가까이서도
내려주시는 긍휼하신 눈물,
두 손 가득히 받습니다.

하느님의 잠
homo symbious-*

김추인

한밤 내 개는 짖고
꿈속에서도 깨어 휘청이는
불면의 여름.
님은 주무시는데
연일 강토를 난장치는 이 있네.

잠 속에서도 와아-와아-
목 부러진 활자들이 튀어나와
깜짝깜짝 가위눌리는 때.
물고 물린 이빨들이 제 살을 뜯어
벌겋게 흘러내리는 황토 물살 위
낱자로 떠내려가는 모국어를 보네.

하얀 두 손바닥으로도
기도가 되지 않는 절명의 밤.
누구인가 거기
동강난 지도를 복구하는 이.
님은 큰 잠 드셨는데.

*호모 심비우스: 더불어 사는 인간

구체적으로 딱딱하게 구체적으로

김태암

결핍이 없다−한다, 사랑이 없다−한다

아름다움을 끝없이 연주해야 하는 악사, 그렇지 않으니까
LP판을 계속 갈아 끼워야 하는
항상 꽃피워야 하는 생명, 거기
지렁이가 있어야 하고

먹지 않아도 배부르고 떨리는 가슴 없이도 행복하고
똥 치우는 일 없겠고 카마슈트라가 필요 없고
옷이 닳지 않을까, 옷은 입어야 겠지 재봉틀이 있어야 하는데
TV 있어야 하는데

영원히 아프지 않고 배곯지 않고 늙지 않고 죽지 않고 권태롭지 않고
 잔 다르크에 연정을 품으면 어떻게 하지?
 어머니가 암에 파 먹힌 해골 같은 얼굴일까 젊은 날의 홍안일까

거기의 그대는 그대인가 나의 아내인가
내가 나인가 누구인가
표본상자의 빛깔이 향기로운 나비들, 영원하다는

나를 내쫓아주셔요 소멸 시켜주셔요

결핍이 있−는 곳으로 보내주셔요

아프리카로 보내주셔요 볼리비아로 보내주셔요

인간 냄새 떠들썩한

순댓국집 가까운 양지바른 곳으로

한강

김택희

살다 보니 여기까지 흘러왔다는 말
알 것도 같아
물길 거스를 수 없다면 출렁이는 거야
내 물줄기 흘러 단물 된다면
누군가의 신이 되어줄 수 있다면
주어진 물색으로 기쁘게 흐르는 거지
지나간 시간 물밑 소란을 다 헤아릴 수는 없지만
볕 좋은 날이 많았다
물빛에 기울이면 가볍지 않은 몸짓
물가를 키우던 풍광이며 물소리 잊지 못하지
태풍에 흙탕물 되는 날엔 파란 하늘 떠올리고
동장군이라도 지날 때면 다리 위 자동차 미등꽃들 바라보면 돼
몸 낮춰 흐르면 되는 일
비행로가 되지 못했다고 말하지는 마
뱃길이면 충분한 걸
작은 오리배는 날씨 좋은 날 꼬마손님을 태우면 되는 거야
멀어지는 뒷모습엔 물주름 내어 기꺼이 흔들어 주자
머잖아 바다에 가 닿을 테지

나는 걸었다

김한순

둑이 무너지고 집이 휩쓸렸다. 폭우와 산사태였다. 나와 동생이 물에 떠 있는 것을 마을 사람이 구해서 어딘가로 데려다가 났다. 얼굴도 기억나지 않는 사람들, 나를 구해준 사람들, 어딘가에서 존재하는 것만 안다. 물줄기를 따라 조금씩 걸었다. 보도와 차도 위로 이어서 내려오는 물줄기가 어디에서 오는 것일까, 다리 밑을 지나 빗줄기가 파고 들어간 길가를 따라 물이 흘러나오는 곳으로 간다. 높은 건물을 쳐다보다가 아래 물줄기를 바라보았다. 넓은 광장 한쪽 귀퉁이를 따라서 갔다. 계단을 올라가고 양쪽으로 숲이 있다. 물줄기가 있는 곳을 찾아보았다. 풀숲에 가려서 보이지 않았다. "물이 이쪽에서 흘러나오는 것이지요?" 내가 앞에서 오는 사람에게 물었다. 그가 뒤쪽을 바라보면서 "저 위쪽에서 이쪽으로 내려오고 있어요." "그 위쪽으로 가면 원래의 물줄기가 보이나요?" "거기까지는 생각 안 해봤어요. 그러나 그쪽에서 물이 새어 나오고 있어요." 나는 그가 말한 대로 그 위로 올라갔다. 풀숲이었고 나무가 우거져 있었다. 여기가 원천이라고 생각했다. 그리고 앞에서 오는 사람에게 "물이 여기서 시작하는 곳이지요?" "아니에요, 저쪽에 가면 더 큰 물줄기가 이어져 있어요." 그가 말한 곳을 바라보았는데, 그곳은 보이지 않았다. "그곳에서 물이 솟아오르는 곳인가요?" 그에게 물었는데, 그는 잘 모르겠다고 했다. 나는 그 물줄기가 궁금해져서 더 걸어갔다. 다리 아픈 줄도 모르고 땀이 흐르는 줄도 모르고 걸으면서 물었다. 어떤 사람은 그곳에 가야 아무것도 없다고 했다. 어떤 사람은 아마도 그곳이 원천인 것 같다고 했다. 어떤 사람은 그런 질문을 왜 하느냐고 했고 어떤 이는 계속해서 가보라고 했다. 다리가 아파서 쉬고 있었다. "이 물줄기를 따라서 내려가면 어디가 나와요?" 지나가는 사람이 나에게 물었다.

우화

김향숙

인간이 발명한 문자에서
수식을 빼면 무엇이 남을까.
주어는 알몸이 되고
목적어는 목적이 분명해지고
동사와 형용사는 본성에 충실하겠지
거기, 그곳에, 응당 존재하는 사례와 일례들
모두 자연주의로 돌아서겠지

꾸미고 꾸미다 반평생이 가고
꾸민 것을 자랑하다 또 반평생이 간다
나무 둥치에 걸린
매미가 벗어놓은 허물 한 벌
꾸밈도 꾸밈받은 것도 아닌 해탈

그동안 껴입은 허물은 몇벌일까
그토록 꾸민 허물이 모두 허상으로만 보인다
허물을 보면서 이젠 허물을 허물어야 할까
생각의 허물이 치렁치렁 내 몸에 매달려 있으니
…

재방송

김현서

칼에 벤 손가락을 움켜쥐고 홀로 창밖을 내다볼 때

오래된 도마 위 썰다 만 무처럼 45도 기울어진 추억이 떠오를 때

그녀는 그 하얀 제의를 들고 어디로 가고 싶었을까

원 안에 들어있는 그녀와 원 밖으로 나온 그녀로 도시가 나눠질 때

그녀는 삼종기도를 알리는 종소리를 들었을까

저 멀리서 한 뼘씩 혹은 두 뼘씩 자라나는 어둠이 보일 때

저녁 해가 다음 신호를 기다리기 위해 잠시 걸음을 멈출 때

그녀는 정해진 산책길이 좋았을까

페인트가 벗겨진 횡단보도가 생의 흉터처럼 보일 때

도시엔 너무 많은 핏빛 노을이 흐른다

기도

김현숙

가을에는
한 알의 여문 알곡과 단 과육에서
천지가 고루 익혀낸
빛과 향기를 맛보게 하옵소서
여름날, 밖으로 범람하던 생각도
안으로 깊이 여울지는
맑고 고요한 가을 강을 보게 하옵소서
그러나 한차례 바람이 불면
세상을 채우던 열매들을 다 내어주고
더 멀고 외로운 길을 떠나는
행자들의 가벼운 발소리를 듣게 하옵소서
침묵하므로 믿음이 되는 산과
비어있음으로 평온한 들판을
오래 기억하게 하옵소서

이 뭣꼬!

김현신

이 뭣꼬! 이뭣꼬!
한 스님의 화두예요

앞도 뒤도 없는 '이 뭣꼬'를 반복하며 봉정암엘 오르고 있었는데요 열아홉 번째 깔딱 고개를 오르며 천 길 낭떠러지 끄트머리를 헤매고 있었는데요 해를 놓칠까봐, 조바심 난 박새들도 휘청대며 날아가대요 지나온 발자국을 어둠에 묻고 있었는데요 청아한 목탁소리가 봉정암 돌문을 열어주데요 이윽고 수천 개의 부처들이 물결치기 시작하는데요 이 무수한 물결 속에서 '깨달음은 어디서 왔는가, 또 어디로 가는가,' 무심한 돌들에게 묻고 또 물었는데요 내 말은 무주고혼처럼 떠돌기만 하데요 부처의 발밑에 엎드려보지도 못한 여자가, 그런 여자가, 부처의 피를 수혈 받으려 오늘밤 보름달빛이 몸에 닿으면, 날쌔게 달려 나가 요염한 눈빛과 불꽃 튀는 시선을 부처의 겨드랑 숲에 꽂으려 하는데요 밤하늘의 별들이 한 줄기 빛을 내려주네요 어둡게 젖은 대지 위에 두 손을 모으고 스님 흉내를 내 보네요

이 뭣꼬! 이 뭣꼬!

포옹

김현주

새로 지은 옆집으로 이사를 한다
성모님을 가슴에 안고 나온다
뭔가 벅차 오른다

항상 그 자리에 있어
보는 둥 마는 둥
때로는 무의미하게 쳐다보며
묵주를 돌렸던

성모님이 내게 꼭 안겨
이사를 했다

그 다음은
그 다음은
내 마음이 성모님에게로 이사를 간다.

숲속에서 길 찾기

김현지

아무것도 보이지 않고
아무 소리도 들리지 않는 어둠속을
누군가 길을 내면서
먼저 걸어간 사람이 있었습니다

깜깜한 밤 아득한 산정을 홀로
푸른 깃발을 들고 날 따르라 하던
그 사람이 갔던 길을 나도 걸어갑니다

넘어지고 또 넘어져도 일어나라 손 잡아준
따뜻한 위로, 오직 그 믿음 하나로
눈보라 속에도 아슴히 보이는 그 길을
그냥 따라서 걸었습니다

솔향이
온몸으로 번지는 아늑한 숲속
나뭇잎 사이로 들려오는 태초의 말씀들
그냥 좋아서 오늘도 걷고 있습니다.

갈릴리 호수

김홍섭

파아란 물빛 그득하고
잔잔한 물결 위에 햇살 소살대며

흰 구름 구름기둥 은혜로이 떠있네
꿈속에 그리던 구름 속을 걷던

갈릴리에서 공생을 시작하시며
좌절한 제자들에게
다시 오셔서 조반을 먹이시던

어머니 품 아버지의 가슴 같은
신앙의 연원, 기다림의 깊은 호수, 소망의 물가

다시 우리에게 사랑으로 확인하시는
네가 나를 사랑하느냐
내 양을 먹이라

풍암성당에서

김황흠

지붕에 선 예수가
짙푸른 가을 하늘을 두르고
된더위 견딘 강단한 얼굴로 허허 웃는다

아이고야, 고생했지
난장 같은 날 고생한 당신이 내게 내민
가름한 손

토닥토닥 등을 두드리는 바람 손
나긋나긋한 웃음을 품은 하늘

푸른 웃음을 띠고는
애수哀愁에 젖은 내게 일러 주네

시는 사랑이 만든거여!

성모님 옷자락을 만지며

김후란

내 기도 소리는 너무 작아
저 성모님께 닿을 수 있을까
그러나 기도하는 손
따뜻이 잡으시며
장미향기로 다가서시는 성모님

예수 수난의
피의 강을 견디시며
믿음 하나로 이겨내신 그 눈물의 모성
세상에서 가장 아프신 어머니
세상에서 가장 높으신 어머니
세상에서 가장 귀하신 성모 마리아님

떨리는 이 목숨 새롭게 하시는 이여
오월 성모 성월에
내 작은 기도소리도 품어주소서
은혜로운 옷자락
가만히 가만히 만집니다

좋은 몫을 택하였다
―2023.6.10 방산 박제천 선생님 영전에

나고음

난생 처음 휠체어를 밀었다
몸은 가벼웠고 햇볕은 무거워 야윈 고개가 더 숙여졌다
총총하던 눈을 내리 깔고 목소리마저 안으로 감기셨다
현관문턱에서 잠시 주춤하자 "세게 밀어 세게 밀어"

선생님은 그렇게 이승의 문턱을 넘으셨다
그길은 짧고도 길었다
그리운 마틸다를 만나러 가는 길이 쉽지는 않았지만
맑은 정신은 다시 만나기로 한 그날을 기억한다

담배 연기 따라 하늘을 날던
그 눈빛과 웃음을 종이 위에 옮겨 본다
생전에 이렇게 가까이, 이렇게 오래 바라본 일이 없었는데
눈 코 입… 지웠다 그리고 다시 지우며 나직이 작별인사를 드린다
"선생님 평안히 가세요"
빙그레 웃으며 하시는 말씀
"그래, 너는 좋은 몫을 택하였다"*

*말씀을 듣는 마리아에게 예수님이 하신 말씀(루카10,42)

초승달 축제(new moon)*

나금숙

캄캄한 절벽 끝에서 실반지가 떠오르고
언젠가 풀어질 비단 오랏줄이
천 개 슬픔을 꾸러미로 묶습니다
등불은 어처구니없는 사랑을 한 후에
그녀를 죽였습니다
강물 위로 뜨는 죽은 달의 살을 베어 먹고
나는 그 덕목을 섭취했습니다
기억의 공중에다 길을 내는 화살표가
거세된 샤먼에게로 갑니다
그의 눈은 말라버리고 손과 발은 잘렸습니다
남자를 매다는 형틀은
날개가 많아
캄캄한 저녁을 끌고 올라갈 수 있습니다
형틀 밑에 타버린 연기와 재에서
달마다 움이 트고 흰 싹이 돋는다지요
밤의 맹렬한 파도는 모서리가 또 깨지면서
사람들의 골목 끝으로 몰려갑니다.

*골로새서 2장 16절

성聖 여인

나기철

삼십오 년 전
힘들 때 자주 만났던
모니카 언니의 묵주

칠십 훨씬 넘어도
손의 자줏빛,
목소리

남편, 양아들
일찍 가고

오늘도
나를 세우는

술의 변증법

나병춘

술도
예술도
입술도 아니다

배가 고플 때 뜨는
한 술의 술
고봉밥에 술술
피어나던 엄니의 숨결

잔잔하게 스며들던
자장가 한 가락
영혼이 고플 때
흘러나오는 휘파람 소리

당신 입술로 읊조리는
절창의 시
한 편

그 한 술,
어찌
잊을 수 있을쏘냐

고단한 날개

나숙자

아버지는 시인을 소원했다
갓 태어나 어머니를 여의고
외가에 얹혀살며
어깨너머로 글을 익혔다
소월과 바이런, 한용운을 읽으며
시인의 꿈을 키운다

시를 사랑하고
시를 그리워하고
시를 낳고 싶었으나

삶의 고단함은 늘 고단함으로 이어져
시인의 꿈은 멀어만 간다
현실과 손을 잡을 수밖에 없는 슬픔
시인은 가난하다고 듣고 듣고
변명이 되어버린 시간을 두고
쓸쓸함으로 채색된 날들이
날개를 달고 훨훨 날기를 바라다
저 세상으로 떠난 아버지

내 시의 바탕이고 종교이다

소망

나태주

예전에 예전에
사랑하는 아이에게
묻고는 했다
얘야, 아직도 내가
너에게 필요한 사람이니?

지금은 하나님께
가끔 여쭙곤 한다
하나님 하나님, 제가
하나님에게 필요한 사람입니까?

할 수만 있다면
오래오래 하나님께 제가
필요한 사람이고 싶습니다.

그 길

남찬순

이 길로 가면
어디로 가느냐고 물었다.
대답이 없었다.
가다가 또 물었다.
대답이 없었다.

듣고만 있는 걸까.
들리지 않는 걸까.

오늘도
다시 그 길 묻는데
엄마손 잡고 있는 아이와
눈길이 마주쳤다.

손녀 또래 그 아이
기도하는 모습 훔쳐보다가
가는 길 묻는 것을
잊어버렸다.

가을 강

노수빈

석양에 해 넘어갈 때
생의 마지막 절정絕頂에 이른
노을빛을 보았는가?
가을 강 사근사근 물결에 지워지는
너의 그림자를 보았는가?
내가 있기도 하고 없기도 한 것을.

가을 강이 갈대밭에 바람을 몰고와
강물 위에 던지면
낮은 곳 더 낮은 곳을 채우면서
빈손으로 떠나는 가을 강을 보았는가?
천근千斤의 무거운 짐을 지고
백팔계단을 아무리 올라가도
잡히는 건 허공 뿐.

가을 강은 빈손으로 더 낮은 데로 떠나
종교보다 더 큰 바다에 집을 짓는다.

하지만 행복한

노창수

어느 시인협회 모임
현역 시인들, 아니면 예비 시인들이
계단 아래서부터 알은 체를 한다
성경처럼 묵직한 책을 옆에 끼고
목례하는 뒷머리가 푸르러 있다
시를 꺼내려 노트북 가방 지퍼를 미는데
나오기 전 조금 떠는 손목 관절에서
청춘 시절의 맑은 샘은
오늘 지친 하느님께로 물들어 간다
그래도 잉크 냄새나 자판 땀을 훔쳐야 할
신나는 날이지 않을까
고민처럼 사물을 파먹고 사는 시의 애인들
그 시의 교회들

빗소리의 작은 속삭임

노해임

여명, 나뭇잎 깨우는 빗소리가
시를 읊듯 리듬소리 그려 낸다

아침을 깨우는 새들의 울음마저
나뭇잎 사이로 오는 빗줄기에
양보하듯 대항하지 않는구나

천지를 오르내리는 작은 몸짓도
빗줄기 울음에 멈춤을 아는데
우리네 정쟁은 쉼도 없네

꿋꿋이 서있는 나무는 비바람에 말이 없고
항해하는 배도 혹한 날의 눈치를 보고 읽건만
여의도 섬 바람은 멈추질 않네

여명의 빗속에도 우리는 운동화 끈 동여매건만
그대들은 우리들 타는 마음 읽을 준비하는지

짙은 어두움 걷어내고 비밀 없는 속마음 내보이는
세찬 빗줄기에 우리이 엉킨 응어리 떠내려보오

무불사無佛寺 가는 길

노현수

무불사는 없다
길섶 발가벗고 나서는 상사화
잎과 꽃이 서로 만나지 못하듯
나는 무불사의 부처를 보지 못한다

저 안개 탓이라고 중얼거렸던 한때 있었다
아무리 가도 절은 깊고
무불사는 보이지 않는데 또
올라가는 길 내려오는 길도 없다

산그늘 아래
지초의 시련 다 끌어안은 계류
나무며, 구름이며, 바람의 짧은 근심이며
오래 헤매던 내 그리움이 거기 깃들어 있었다

무불사에서 누가 부처를 찾는가
무불사는 어디에나 있고 또 어디에도 없다
길은 바람을 타고 올라갔다가
다시 구름 속을 거쳐 내 마음속으로 열리고 있었다

메콩강 아레크삭 아이들

노현숙

낡은 배에서 보따리처럼 내렸다
살아오는 삶의 아픔으로
살아가는 메콩 강 검은 눈의 아이들 작은 손들
작은 손들이 피 묻은 칼을 들고 다가온다
파닥거리는 물고기 둥근 입을 내려다보며
익숙한 손놀림으로 다부지게 내리친다
나보다 먼저 살아온 것 같은 익숙한 칼질의
아레크삭 아이들
순간 그 고요 앞에서
떨리는 손 떨리는 가슴으로
너는 새싹 밀알을 심고 있었다
머나먼 메콩 강 검은 눈의 젖은 아이들
쁘레아쁘*

흙더미 위로 믿음과 축복이 넘치도록
섬김의 십자가를 우러러 보며
두 손 모아 무릎 꿇고 기도 드린다

*축복을 뜻하는 캄보디아어

왜? 응? 왜?

노혜봉

내 집은 눈이 바라보는 초점 하늘의 별꽃이다
내 집은 짜디짠 피땀을 잡은 손, 손톱 끝이다
발걸음 걸음마다 방울방울 흘리는 푸른 피다
내 집은 머리에서 가슴으로 가는 에움길이다
옹알이 말을 빚는 입술에서 머나먼
깊은 골짝 샹그릴라를 찾아 헤매는 목마름이다

바닥에 깃든 내 본그림자를 지우며
배밀이로 기어가는 몸의 울음길이다
오롯이 별꽃을 향해 쏘아 올리는 불화살이다
살을 태우고 뼈를 태워야 비로소 얻는 한 줄의
참말, 진짜 눈물범벅인 기도
가시관, 쓰디쓴 피땀, 못 자국이 사는 내 本籍은

난 옛노래, 知音, 꿈길밖에는 길이 없는 삶, 기쁜 붓꽃사랑,
난 노예, 밤마다 죽었다가 깨어나도 다시 어두운 밤,
희망을 넘어서서 희망하는 난, 영혼 없는 그대의 영혼,
은사恩賜의 응답으로 느닷없이 터져 나오는 시의 첫 행
내 몸이 본향인, 그분 목소리가 숨 쉬는 집, 고즈넉한.

미소를 들고 돌을 깎았다
보로부두르*

동시영

미소를 들고 돌을 깎았다

돌은 한 번 웃으면 그칠 수 없다

낙원을 달고 다니는
꽃들의 후손 같은 열대 얼굴들

시간은 둘러싼 병풍
밀림은 식물로 짠 그물
그 속에 잠겨 들어 시간 물결 세며
진줏빛 상처로 아우라를 그렸다
저물지 않는 태양으로
하늘 풍경風景 치고
사람들 마음 열어
새 맘 길 열어 준다

어디든 지나가러 온 지구인들은
신성한 기적 너멀 지나가 보고 싶어
저마다의 까치발을 띄어 보고 있었다

*인도네시아 불교사원 세계문화유산

정직한 기도

두마리아

하늘에 계신 아버지 오직 저만 돌보소서
주신 계명 버거워 일탈 살짝 도모해도
큰 죄가 아니다 싶으면 못 본 척해 주소서

제 허물 못 깨닫고 남의 잘못 탓하나
철 없는 자식이라 귀엽게만 보소서
지워 준 젓가락 십자가
요마저도 거두소서

봄밤

류성훈

누구나 봄밤 하나씩은 갖고 있었지만
봄은 아무도 데리고 있지 않았다

집으로 돌아가기엔 나이가 많고 별을 탓하기엔 어린 시대, 아직 추운 밤들만 먹이는 봄이 물을 끓인다 결국 재개발이 결정된 판자촌에 화재가 나고 주님의 은총으로 두 명밖에 죽지 않았다고 말하는 목회 앞에서 종교와 사람이 서로를 버리던

아직도 그런 곳이 있어?

그런 곳이 있다 집이란 있을 곳이 아니듯 봄은 내게도 있을 계절이 아니어서, 다행이야 짧아지는 밤들과 유통기한 지난 평온이 생살을 저밀 때 조심성 없는 하늘이 봄을 가스 불처럼 켜면 발진처럼 돋는 꽃눈들을 솎아내면서

수없이 펼쳐진 흉터들이 모두 분홍빛이라는 것을
아무도 모르고 살았다

전생과 이생

류수인

나는 가끔 일억 만 년보다 더 머 언
아미타불이 살고 계신다는 극락정토를
상상으로 그려봐요
설령 나의 상상이 허상이라 해도
나는 그 허상에서 벗어나고 싶은 생각 없어요
저승에서 온 우리들은 저승에서 닦은 공덕대로
이승에 와서 살고
이승에서 저승으로 가게 되면 이승에서 닦은 공덕대로
저승에 산다는 것도
어느 이름 모를 신으로부터 가끔 귓속말로
전달받곤 하지만
나는 무관심인 듯 하면서도 속으로는 은근히
두려움 느끼며 관심 가져요
믿지 않는 것은 믿지 않는 만큼의 죄를
더하며 살게 된다는 것을 불신하려는
일면의 마음에
압력을 주면서 말려요.

명료한 열한 시

류인서

아홉시에서 열한시 사이,
석가가 거리로 나가 밥을 빌었다는 시간
그 시간 당신도 거리에 있고 끼니를 구걸중에 있다

당신의 법도 어쩌면 많은 집에서 밥을 얻는 것일지 모른다
당신은 매일 수많은 문을 두드리며 이곳에 온다
이곳에는 관가와 상가와 은행가가 있다

아홉시에서 열한시 사이는 구걸하기 좋은 시간
거리에는 막무가내 태양의 핏빛을 색주머니에 퍼담는 꽃들과
날 선 잎손을 내밀어 초록을 구걸하는 나무들
당신은 또다른 문 앞에 서 있고
당신의 수상쩍은 주발은 옆구리에 매달려 흔들린다
서쪽으로 놓인 당신 그림자는 나귀를 닮았다

아홉시에서 열한시 사이
당신의 머리 위로 남루의 구름 함지를 이고 새들이 날아간다

케냐 조희래 선교사를 찾아서 1

류정희

비행기로는 16시간이었네
그러나 하늘에서 하루를 보내고
그 땅 발을 올리니 늦은 저녁이었네
가뭄 많은 나라임을 알지만
일생 뜨거운 해를 안고 뒹굴다가
검게 탄 숯덩이 같은 그 나라 그들에게는
갈급한 영혼의 목마름 있음을 알았네

나이로비 공항에서 마사이족 가는 길은
황폐한 골짜기 끝이 없었네
양 떼 몰고 가는 깡마른 목동의 손에는
메시아 막대기 들고 있었네

흙먼지 길 막아 튀어 오르는 돌멩이
당신의 입김이었네

진리에 굶주린 사내 하나
나를 이긴 것은 사랑이었다고
식지 않은 밤 차가운 눈물 뿌렸네

언어가 통하지 않아도
사랑하는 영혼은 나 너 사랑해

묻지 않는다는 것을
확인하지 않고도 쌀을 씻어 밥을 안치며
그냥 서로를 사는 것임을

정화수의 달

류종민

백자의 바다에
달이 뜨다

빛의 다리가 너무 깊어
둥근 절벽에서
건져 올리지 못하고
천리 밖에서 손짓만 하네

조용히 감은 눈에
달이 뜨다
천하가 빛에 잠겨
빛의 몸이 되었네

꼭 감싸 안을 용기

류혜란

가지 못했다 느끼는 곳 말고
지금 서 있는 자리 둘러본다
제자리에서 견디는 여름날 후에는
어우러진 단풍과 나직한 성탄절
그리고 내 생각과 다른 미래를 만나리라
매일 물건 하나씩 버리며 기다리는 시간
내 마음 얼만큼 아물었을까
밝고 천진하고 좋은 모습과
나쁘고 탁하고 황폐한 모습의
나를 내 딸아이처럼 꼭 감싸 안는 일
스스로에게 엄마도 아빠도 되어주는 일
낯설지만 온 맘 천천히 기울이는데
"사랑할 수 없을 때 사랑하는 게 사랑이라"
오래전 스르르 썼던 시 한 구절은
존재하지 않는 화살 쏟아져 내릴 때
나만은 작고 따뜻한 집 되어
날 꼭 감싸 안아도 괜찮다는
마음속 별의 응원이었던 건지도 모른다

연등을 켜다

목필균

꿈같고
허상 같고
물거품 같다는 세상살이

번개로 찾아온 빛에도
그림자로 피고 지며
이승에 잠시 맺혔다가 사라지는
이슬 같은 세상살이

보이는 대로 생각하지 말고
생각대로만 보지 말고
진흙 밭에 연등을 켜면

마땅히 머무는 바 없이
그 마음을 내면 여래를 만나리라

아름다운 밤이 왔다

문 설

누구도 나를 물어보지 않아
나에게 보낸 안녕이 안녕이라고 습관처럼 말한다
오늘은 벼룩시장에 가서 잘 웃고 다정한 나를 팔았다
어쩌면 내 인생이 완전히 바뀔 수도 있겠다는 이상한 기분도 팔았다
나의 웃음을 보면 카메라의 렌즈 같아
초점을 맞추면 미처 알지 못하는
나의 유전자가 함께 쏟아져 나올까 봐 더럭 겁이 났다
피사체 같은 운명이 있다고
주체하지 못한 주체가 발목을 잡아 생각이 어둠을 타고 떠다녔다
순간의 빛이 슬픔에 스며
새가 울고 꽃이 웃어도 울고 웃는 소리가 필름에 감겼다
가짜와 진짜를 구별하는 법을 눈감을 때까지 배울 수 있을지
운명의 바퀴는 운전자의 모습을 닮는다
마모 된 흔적이 제각기 달라도 모두 제자리에 있어야
온유한 빛으로 가득 찬다
어느 포근한 날이었다 창가의 커튼이 불룩하게 부풀었다
어둠이 낸 길이있나 현상할 수 없는 밤이 찾아와
혼곤히 누워 있다

자장매*

문영하

늦추위 잔가시로 남은 아침 통도사 마당이 환하다

종수 아재, 간질로 이 세상 돌아서더니
발걸음 획 돌려
영각 앞에 다시 와 어정거리다가
휘어진 팔 바르르 치켜들고 감았던 눈을 뜨며
핏빛 머금은 꽃봉을 알알이 매단다
메꽃 같은 아내 친정으로 내몰고 오솔한 암자에
몸을 걸치더니
깃털 빠진 장끼처럼
그리움 짓이겨 청보리밭 귀퉁이에 흙집 짓더니
그 연緣 차마 못 잊어 서릿발 헤치고 지상으로 올라와
힘껏 뿜어 올리는 붉은 그늘
가슴에 쟁인 말 울걱울걱 쏟아내며
다다귀다다귀 서러운 영혼을 풀어내고 있다
타는 듯 신열이 온몸으로 번진 아재
분홍 장삼 걸치고 구천을 넘나들며
해마다 여기 와 너풀너풀 영원을 덜어내고 있다

*자잘율사를 기려 심었다는 양산 통도사 수령 350년의 홍매

사람의 가을

문정희

나의 신은 나입니다. 이 가을날
내가 가진 모든 언어로
내가 나의 신입니다
별과 별 사이
너와 나 사이 가을이 왔습니다
맨 처음 신이 가지고 온 검으로
자르고 잘라서
모든 것은 홀로 빛납니다
저 낱낱이 하나인 잎들
저 자유로이 홀로인 새들
저 잎과 저 새를
언어로 옮기는 일이
시를 쓰는 일이, 이 가을
산을 옮기는 일만큼 힘이 듭니다
저 하나로 완성입니다
새 별 꽃잎 산 옷 밥집 땅 피 몸 불 물 꿈 섬
그리고 너 나
이미 한 편의 시입니다
비로소 내가 나의 신입니다. 이 가을날

청암사

문창갑

스물일곱 수암 스님
물소리 그득한 분홍 산길 오르다가
진달래꽃 무심히 만져보고 있는데
이 무슨 까닭인가

아랫마을 어깨 조붓한 그 처자
어쩌라고
또 하나 분홍 꽃으로 몸 안에 피고 있는지

견성성불의 문을 두드리던 수행은
천 리 벼랑 아래로 떨어지고

허엇 흉한지고
발칙한 상상 속에서 왜 그리 아뜩해지는지

가난한 기도

문현미

태풍이 오려나보다
산등성이에 깃든 고요가 땅으로 번진다

불현듯 휘몰아치는
정적의 뜨거운 회오리

제멋대로 뻗은 곰솔 가지 사이로
먹돌의 흑백 필름 감기는 표정 위로

다만 없는 듯 스쳐 지나가기를

왼종일 갯펄에서 ㄱ자로 땀 흘리는
노동의 눈물에 이르기까지

백제시
−백제사* 터

문효치

바람으로 지은 집이 있다
바람으로 기둥을 세우고
바람으로 지붕도 대문도 방도 마당도 만들고

풀들이 들어와 살다가
그림자 벗어 걸어놓고 간
집이 있다

하늘에서 걸러낸
하얀 칠로
우울과 고뇌를 감춘 얼굴

부처님처럼 좌정하여
미소 짓고 있는 집이 있다

*일본에 '백제사'라는 명칭의 절은 현재 6곳쯤 있다. 물론 과거에는 더 많았다.

시인

민영희

신의 이름을 시인의 말로 풀면
나부끼는 풀잎이기도 하고
떨어진 꽃잎이기도 하고
일체의 공空이기도 하고
준비하지 못한 자의 상실이기도 하고
부정하는 자의 후회이기도 하여
세상의 가치를 합리화하는 도구
너와나의 괴리의 힘든 벽,
인아산종宗마루 넓이를
언어로 풀어 인아산이 엎어지는 하심
끊임없는 혼란은 희망을 의미한다.

시는 절대미학의 종교다
육체엔 밥이 보약이듯이
영혼엔 종교가 보약이니
시인은 보약을 우려내는 가마솥이다.

모름지기

박만진

남자가 하늘이고
여자가 땅이라는 말을

어디서 들었는지
잘 모르기는 하지만

하늘은 높고 푸르러도
숫제 그 값이 없고

땅은 낮고 평평해도
그 값, 높기만 한데

우리 집은 모름지기

아내는 하나님을 믿고
나는 땅을 믿고 있으니

여자가 하늘이고
남자가 땅일 수밖에

벌레의 독서

박미산

문예지 틈을 벌레가 기어다닌다
이 겨울 어디서부터 왔을까
시로 여는 세상에 들어와 문학동네를 구경한다
여섯 개의 다리로 오늘의 문학을 횡단하고
현대문학을 진단하며 불교평론을 훑는다
문장의 면면을 다 읽었는지
아님, 읽을 게 없었는지
이부자리로 기어 온다
안절부절못하는 나를 무시하고
무조건 전진한다
죽음을 불사하는
욕망을 버리면 저처럼 용감해질까
손바닥을 내민다
순간, 멈칫하다가 나를 읽어낸다
욕망의 진실 앞에서
재빠르게 도망가는 그는
성실한 독서가가 아니다
그가 읽은 책을 다시 펼쳐 든다

신징에 든 그의 곁에서,

나의 기도

박병두

황망한 들판에 서성이다
죽어가는 것들을 바라봅니다.

시간을 다퉈 호흡하는 가슴과 심장에
당신의 길이 있었으니
사랑과 미덕의 세상으로 눈을 다시 주시고
자연과 사람 속에 얽힌
푸르른 사계를 그냥 지나쳐 보지 않게 하시어
가난한 심장에 부끄럽지 않은 사랑으로
온몸을 정결케 하소서

인연설에 만난 사람의 나목을 가벼이 여기지 않고
토문재 곳곳에 인문주의 정신을 되새겨
보혈의 피처럼 감사의 기억를 놓치지 않게 하소서

맑은 영혼을 따라 새벽을 걷습니다
문돌이, 재돌이, 하돌이와 천국에 같이 갈 수 있도록
그들의 눈에 믿음으로 쉼과 숨이 되게 하시고
미천한 삶이 누추하지 않으며
사치스럽지 않은 길을 고집스럽도록 지키게 하소서

두렵고 쓸쓸한 계절이 또, 지나가고 있습니다

깊어지는 성찰과 사색이 감당하기 버겁습니다
세상의 순례가 귀향으로 돌아와 멍에로 남은 까닭입니다

내 소리와 내 모습이 빛이 될 수 없지만
남은 나의 진솔한 사랑을 놓치지 않게 하소서

묵묵히 최고를 향해 변함없이 나눔을 실천하게 하소서
나의 계절이 가고 있나이다.

청동의 손

박분필

하우현 성당 뜰에는
외로운 사람을 반겨주시는 침묵의 손이 있습니다
마음의 높이에서 마음을 읽어주는
닳지도 변하지도 않는 청동의 손입니다

빛을 잃지도 녹슬지도 않는 두 손으로
새하얀 눈을 소복하게 받아들고
시린 마음을 기다리고 있었습니다

차가운 그 손을 만져보았습니다
찬 손은 여전하신데, 울컥
내 손에서 눈물이 흘러내렸습니다
뺨을 갖다 대었습니다
그 손안에는 가득 쌓인 흰 눈뿐이었는데
마치 작은 새 한 마리의 깃털처럼
그토록 마음이 따뜻해질 줄은 몰랐습니다

그분의 손은 빛을 잃은 사람들에게
빛을 모종해 주는 청동의 손이었습니다

오, 나의 하느님

박상천

내 삶 속에선 언제 어디서든 만나는 하느님.

그러나 고개 들어 세상을 보면
그 어디에도 하느님은 계시질 않네.
무엇이 옳고 그른 지 알고 계신
오, 나의 하느님,
그러나 세상엔 그 하느님이 보이시질 않네.

홍련암 2

박세희

내 이야기를 할게요
천년이나 살았으니 이야기가 길어요
하지만 짧게 할게요
내 이름은 허공이에요
존재하기도 하고 존재하지 않아요
사람들은 나에게 찾아와 경배를 올리고
수많은 부탁을 하지요
등 돌린 애인을 다시 돌아오게 해 달라고
로또 복권이 당첨되게 해달라고
환상적인 짝을 만나게 해달라고
사실을 말하지만 나도 오래전
실연으로 분노로 좌절로 생을 포기할 뻔했어요
세상을 비켜나 겨우 위태롭게 여기 붙어살아요
당신들의 삶을 역전시켜줄 아무런 힘이 없어요
내 이름은 허공이에요
존재하기도 하고 존재하지 않아요

만다라 曼茶羅

박수중

노모의 사십구재를 지낸다
잔을 올리며 낮은 봉분 앞에 부복한다
아직 듬성한 잔디에 작은 풀꽃조차 보이지 않는데
어디에선가 하얀 나비가 한 마리 날아와 앉는다

그때 당돌한 여덟살짜리 손자가
할아버지의 축문을 흉내내어
연필로 침 묻혀 쓴 편지를 큰 소리로 읽는다
 −왕할머니 천국에 도착하셨나요
 −저에게 메일을 보내세요
 −제가 빨리 답장할게요

나비가 손자를 어루만지듯
머리 위로 날아오르고
한 생애의 빛이
눈부시게 투명한 하늘로 사라진다

풍경風磬·2

박수진

이글대는 불구덩이 속 건너오며
살도 뼈도 죄 버리고
적멸에 든 고승高僧

세속 번뇌 떠난 지 오래여서
제 울음 다시 울 일 있을까마는
바람이 전해 오는 쓰린 사연에
뎅그렁뎅그렁 소리 내 운다

얼음장 같은 열반은 열반이 아니라고
열반에 이르고 보니 네 아픔이 보인다고
진리의 가르침으로 다독여주는
무정설법無情說法이여!

울어서 울어서 깨끗해지는 마음
울어서 울어서 가벼워지는 영혼
한바탕 거친 세파 지나고 나면
고요로 돌아가 참선參禪에 든다

가을숲

박수현

하늘 모서리 마가목 우듬지가 투명해지더니
맥문동 꽃대궁엔 보라가 깊어졌습니다
발목 시린 산새가 깃을
털던 자리엔 산사나무 열매가 흥건합니다

발자국 소리 따라
폐가처럼 낮아지는 풀벌레 소리
초록을 탕진하고 돌아온
가을 숲에서 내가 차마
저지르고 마는 저 붉디붉은 죄
주여, 부디 저를 용서하지 마세요

수자數子18곡曲

박시걸

1순간의 이목구비 홀림에
4사오입의 능선을 타고
1,000길을 굴러 떨궈져 내린
8자 덩이 하나가
2팔청춘도 종잇장처럼 찢기고
36계 달아나는 샛바람에 물려
108번뇌 이마로 터뜨리며
7색 무지개 빛깔을 두르고
3,000리 방방곡곡 발끝으로 누빈다며
24절기 퍼덕이는 틈새로
38광의 횡재도 얼결에 날리고
3색 나부끼는 협곡도 누비다가
5장육부 마구재비로 놀리면서
100고천난의 험난한 길을 걷는 중에
9사일생으로 간간히 살아나기는 했지만
600그램의 재로 사그라질 이 한 생이 온갖 범실로 채워졌는데
10자가 그것만 붙들면 죽고 나서 좋은 데로 간다는 게 맞나요?
10,000부당천부당한 말씀이 아니라는 건가요?

산딸나무 앞에서

박영구

당단풍 익어가는 선암사* 산기슭에
산딸기 단장하고 참배객 유혹하네
십자가 네 꽃 모양은
예배당에 심을 걸

산 푸르던 봄날에 꽃물결 수놓더니
백일공양 한 걸음에 절간까지 달려와
목사님 주지스님 안 가리고
터놓고 친해보려

*전라남도 순천시의 조계산에 위치한 한국불교 태고종의 총본산

배론舟論* 가는 길

박영배

못물 가물어
당신께 가는 뱃길 막히고
이곳저곳 누군가 뿌려놓은 봄볕
깜박 졸다가
졸다가 벌써 겨울인가요?
애초 기약은 없어
아득한 뱃길 서두르다가
아시잖아요
그 주막 주인 여자 따순 손아귀
청국장 끓는 소리 달려와
달려와 여기 길목에
낯익은 이 마주 앉아 겸상 받고 있어요
새까맣게 눈발은 날려
아시잖아요?
당신께 가는 뱃길 눈빛 시려
노 저을 수 없어.

*충북 제천의 가톨릭 성지

소원

박영하

한 소녀가 이슬로 지지 않기를 희망하며…
마리아님 제 소원을 들어
주소서
천주의 성모마리아여
죄 없애시는 주여
제 기도를 들어 주소서
몹쓸 병에서 헤어나지
못하는 여인을 가엾게 여기시어
씻은 듯이 낫게 해 주소서
햇살 밝은 태양 앞에 환한
웃음으로 서게 해 주소서
기도를 들어 주소서

세 발 고양이

박완호

늦가을 국화가 마지막 꽃잎을 지키려 안간힘 쓰고 있는 봉녕사, 초저녁 연등 아래를 걸어가는 사람의 그림자가 수척하다 느닷없는 법고 소리에 화들짝한 꽃줄기 사이를 비껴가는 고양이, 오른쪽 앞다리가 횅하다 한쪽 다리만으로 북소리의 간격을 제대로 짚어갈 수 있다니, 잘려 나간 한쪽 다리에 서린 고요의 힘으로 이명耳鳴의 뜨락을 가로지르는 세 발의 혜가慧可, 어디선가 들려오는 비구니의 아미타불이 타령조로 물드는 서쪽 하늘, 잠잠해지는 북소리 따라 이우는 꽃잎의 춤사위가 문득 시리게 반짝인다

강가* 아이

박이영

너는 바라나시의 시
소의 행렬을 따라 있는

설산의 문맥을 껴안은 태초의 서사

천 개의 디아**와
천 개의 장르를 넘나들어

까만 손의 말이 먼 나는
소의 걸음으로 너를 낭송한다

흰 안개가 돌아온
그 낮의 빛으로부터 정화된 육필

목소리 앞지르지 않는
그 빛의 1할에

은밀한 나의 체면과 거짓을
디아에 띄워 보낸다

*갠지스강을 상징하는 여신
**꽃등

일처다부

박일만

제1의 남편이 노숙할 차례
양털을 덮고 별빛을 베고 잔다
오늘밤은 제2의 남편이 침실에 든다
남편을 들이는 건 아내의 몫
제1의 남편은 형이고 제2의 남편은 아우다
히말라야 고산족들
산소부족으로 계집아이 사망이 잦아
귀한 몸의 아내는 우애 좋은 형제를 모두
남편으로 들이고 산다 신의 율법을 받드는 거다
아이들의 근본은 아내만의 비밀
사내들은 눈대중으로 핏줄을 당겨 볼 뿐,
여자로 태어나 남자를 들이는 건
태고의 슬픔을 지닌 여자의 바탕이다
남자로 태어나 여자에게 들어가는 건
태고의 슬픔을 녹이는 남자의 빛깔이다
슬픔도 약이 되는 땅에 빙하는 흐르고
내일 밤에는 제2의 남편 아우가
양털 덮고 별빛 베고 잠들 것이다

한강을 건너며

박재화

아침마다 主祈禱文을 왼다

소망은 멀고
가도가도 굽잇길
무작스레 도회는 갈기를 세우고
강물도 저만치 배를 앓는다
물풀같이
어린 고기떼같이
삶은 두려워라
돌아오는 길의 품 안엔 언제나
눈물 맺힌
求安錄*

저녁마다 주기도문을 왼다

*우찌무라 간조(內村鑑三)의 수상록

부활, 역류를 거부한 얼룩

박정이

날카롭던 기억 속에 가끔 참다래 꽃이 피는 것은
순전히 시간의 덕분이다 층층지게 쌓아 올린 돌탑처럼
기억을 쌓다 보면 얼룩지는 시간의 여울을 만난다
여울은 언제까지나 여울일 뿐 담겨져 있는 삶은
저만치서라도 머무는 법이 없다 체한 음식이 역류하듯
갑자기 굳어버린 삶의 흔적은 쉬이 사라지지 않고
가사假死의 삼치처럼 부활한다
고통이 수반된 부활, 온전할까
공생을 잃은 흐름, 왜곡된 역류는 언제나 탐욕이 물결친다
영원히 정지되기를 바라는 순간의 착각
여울을 넘어버린 여울은 상처가 된다
얼굴에 거뭇거뭇 피어나는 반점들을 지운다 해도
개안開眼수술 후 드러나는 얼굴의 수많은 진실들처럼
시간이 남긴 표정은 언제나 새롭다
참다래 꽃처럼 불룩불룩 솟는 실핏줄도
내일은 시들고 역류를 거부한 얼룩만 드러난다
시들어 굳어가는 실핏줄의 피가 오래된 대지를 푸르게 한다

한 장의 사진
― 선禪처럼

박종철

미륵바위 곁
장승 옆으로
나란하게 선
나

내가 선 뒤
그림자가 따라 서고
그 그림자 뒤
탑도 하나

탑 둘레를 미륵이 돌아
먼저 주저앉으면
장승도 한 바퀴 돌아와 서고

꼭 한 바퀴만 돌고
나는
그냥 빠져나오려고 했는데.

연꽃

박종해

고요 속에서 한없이 고요 속으로 들어가면
해탈의 문이 열리고
백팔번뇌와 집착에서 풀려나
오도(悟道)의 미소를 머금고 피어나는 꽃

빛깔도, 소리도, 모양도, 냄새도 없는
마음의 뿌리엔
아수라장 같은 뻘과 뻘이
얼키고 설켜 응어리져 있다.

그 마음의 응어리를 실오라기처럼 풀어내어
연꽃은 화엄의 정토 위에 가부좌로 앉아
말없이 웃고 있다.

폭우 속에서
― 참회懺悔

박지영

폭우가 쏟아졌다
앞이 보이지 않았다

차도에 금세 흥건하게 빗물이 고였다
물보라에 차가 떠밀려
핸들 잡은 손이 움찔움찔했다

뇌우에 갓길에서 머뭇거리고 있으니

머리털보다 더 많던 내 죄가*
미역 줄기처럼 줄줄 끌려나와

나도 떨고 차도 떨며
세찬 비를 맞았다
흠씬 두들겨 맞았다

그날, 나도 울고
땅도 울고
하늘도 엄청 울었다

*찬송가 「주 예수 내 맘에 들어와 계신 후」 2절 가사 한 소절.

때가 되면 다 된다

박찬선

때라는 말이 참 좋다
때라는 말에는 기다림의 싹이 돋는다.

우리가 캄캄한 어둠 속에서 억눌려 지냈을 때
짓밟히고 으깨지고
가마니처럼 묶여가서 고문을 받았을 때
사람이 하늘임을 몸소 보여준 여든 네 해
삼풍* 선생 마지막 운명의 순간에 남기신 말씀
'때가 되면 다 된다'
잠자던 경전이 눈을 뜨고
풀린 겨울 개울물 소리가 난다

때라는 말에는 닫힌 문이 열린다.
다 때가 있다는 말 언제 들어도 참 좋다.

*상주 은척 동학 교주 김주희(1860-1944) 선생의 호.

용모암 가는 길

박천서

산굽이 굽이 한눈에 내려다보이는 바람의 길목
태백산을 품에 안고 햇살 머무는 언덕
허공 밟고 내려오는 학 울음 같은 천수경소리에
바람도 빛깔 바꾸며 머리 숙인다.

목탁소리 내려칠 때마다 숲은 날숨에 닿고
지장보살 원력에 사바세계 번뇌가
첨벙첨벙 수면에 떨어진다.
요령소리에 일념삼매 영가 천도 가는 길

살대만 남은 나무들의 잔기침 위로 눈시울 깊어진다.
눈송이 한 점씩 메아리에 젖고 내 발자국도 사라진
산, 절 마당, 툇돌 위 신발에도 하얀이야기들이 쌓여있다.

모양 있는 모든 것은 허망한 것이라는 부처님 말씀
용모암 푸른 살결에 향 향기 그윽하다.

종교로 가는 시

박판석

아이가 끌고 옹부翁父가 끌고 카우보이가 몰아도
주인의 마음대로 따라갈 뿐
도착해야 할 목적지도 종착지도 없는 바람처럼
바람 앞에 바람을 딛고 일어나 비틀어지고 쓰러져도 탓하지 않고
꽃 피우는 장엄한 네가 있기에
동쪽에서 해가 지고 서쪽에서 해가 떠도
바람은 바람일 뿐

세상이 울면 같이 울고
웃으면 같이 웃는 호모 비아토르*처럼
어쩌면 너는 채찍도 맞아가며 네 길을 가는
주인을 잘 만나야 할 운명으로 태어났다

내가 나를 버려도 나를 찾아주어 고맙구나
떠날 수 없는 태양이 뜨고 적막한 달이 뜨면
나의 집을 환하게 들여다 볼 수 있는 거울
법고에서 울려 퍼지는
보이지 않는 저력의 소리
언제 어디서나 나를 이끄는 힘
나는 너의 바다 속에 사는
물을 떠나 살 수 없는 물고기

*가브리엘 마르셀은 인류를 호모 비아토르(Homo Viator), '여행하는 인간'으로 정의하였다

가슴에 절집 한 채

방순미

살다 보면 절박한 선택
견디며 만들어진 사리

가슴에 저절로
절집 한 채 들어와

흰 소를 만난 듯
산사 떠도는 일 사라졌다

한 말씀만 하소서

방지원

자벌레 하나가 허공을 가늠합니다
모자라는 언어로 자신의 그림자를 잽니다
온몸 부풀어 숨 막히는 고요
외로움에 절은 목덜미
얼마를 더 가야 하나요
태양은 벌써 붉은 치맛자락을 펼치며 서 있습니다

훈풍이 다시 불까요
즐거운 척 한껏 올린 입꼬리로 긴 길 걸어왔습니다
점 하나 소소한 모래밭 그림으로라도
연 갈음 행간 없는 문장으로도 좋습니다
한 말씀만 하소서

당신의 신비는 높고 멀어 짐작도 못 하지만
무릎 꿇고 계절을 견디는 나무와
솜털 보송한 꽃들도 아는 당신의 대답을
저만 모릅니다
얼마를 더 가야 하나요.

길 잃은 동화

배윤주

길을 잃고 당신에게 묻는다
멈추지 않는 떨림이 당신입니까
나는 독백을 하고
당신은 대화할 줄 모른다
당신이 나를 담고 있는 방향은 공백
날숨조차 멈추어도 저녁의 모세혈관까지 쥐어 잡고 전진
하는 당신

두 손을 모으고 고개를 조아린다 덜컹거리며 당신을 간직
할 수도 있지만 오늘도 두 걸음 나아갔다가 한 걸음 되돌아
나오는 박음질도 내게는 시어詩語의 짧은 가임기
길이 묽어질수록 핏속으로 접히는 행간이 가늘게 떨린다
침묵이 아닌 모든 것들을 시詩라고 불렀다는 동화

당신이 다녀간 무게 때문에 묻는다
나는 잠시 당신을 다녀가는 중입니까
동쪽으로 간 질문은 서쪽 하늘에 다시 뜨는 초승달의 오
체투지
뇌동맥을 거슬러 오르는 낡은 동화를 당신과 함께 읽는다
낯익은 진동에 무수히 애를 베이고
길은 흔적을 간직하는 문밖에 있다

가을 모은암*

배재경

부석부석 낙엽의 등산로가 쓸쓸하다
절벽과 절벽을 가로질러 그대에게 가는 길
늦가을 비 듬성듬성 흩날린다
채 여물지 못한 굴참나무잎들이
겨운 날갯짓으로 하염없이 춤사위를 춘다

그대 머무는 산사의 고요를 떠올리며
가파른 산길을 주섬주섬 엮어가건만
서글프게도 내 발자욱은 더디기만하다

아, 그리운 황후여!
그대가 가락국의 부흥을 위해
밤낮없이 오르내리며 부처님께 올리던 공양,
황후가 꿈꾼 태평성대는 이천 년이 흘러도
여전히 안개에 갇혀 불안하다 내 마음도
허방에 빠진 듯 숨이 가쁘고
텅 빈 산길의 고요가
자꾸만 발자욱을 물어뜯는다

*경남 김해의무척산 8부 능선에 있는 암자. 가락국 2대 거등왕이 어머니 허황후를 위해 지은 절.

오래된 음악실

배홍배

낡은 타자기에서 시계 소리 들렸다

자판이 가리키는 시간 속에서
소비되는 음악
비용은 손가락 끝에서 올라가고
빙글빙글 도는 턴테이블과 의자를 가까이 붙이고
바흐의 유작을 듣기 위해
바로크 코트는 윈도우에 걸렸다

흰머리에 붉은 빵모자를 쓴 교황을 위하여
오래된 나무의자를 딛고 유리성당을 쌓는 늙은 DJ
뛰어내린 창문 안으로 얽힌 팔에게 스스로 묻고
한 번 풀리는 걸음으로 두 갈래로 갈리는 길에
핀 할미꽃을 바라보며
활짝 웃는 돌부처가 되었다

시곗바늘이 더듬는 그의 둥근 안경이 한 점, 점으로 남을 때

독백 제49장

백민조

구원, 소망, 영광이
휘감는다는 예배당의 유혹.

보다 참된 사랑
보다 값진 사랑을 갈구하면서,
사도바울 훈교訓敎를
목놓아 드높이 외쳤던 예배당.

그러나
예배당을 은금으로 현란하게 치장하고
보혈寶血로 위장된 선지에 익은 이빨로
서슬을 날리는 목자牧者들.

나의 주는 너의 주
너의 주는 나의 주
우리, 우리들의 주와 함께
지상 최고의 신시神市동산을 구축하자는,
기독과 거짓 충성의 합창.
너와 나, 우리들을 유혹하는 예배당.

하느님 모녀

백우선

내 하느님은 절망에서 태어난다.

참혹, 불안, 공포에서 탄생한다.

그래서 그러는지

자기 어머니는 어쩌지 못하고

나만 다독거린다.

사람들만 둘러본다.

모녀가 닮아 보이지는 않는다.

순간

백 현

대패질하듯 순간순간을 깎는다

도르르 말리고
솟아오르고
무너지고

아우성치는 순간들이
시야를 가리는 찰나

보인다
높이 나는 새
허공을 딛고 가는 깨끗한 발바닥

가스처럼 새는 슬픔을
온몸으로 누르며
엎드려 차가운 바닥에
얼굴을 대는

나를 씻어 내리는 수돗물이
성수가 되는

마이 무라

복영미

성탄전야 부산 천마산 꼭대기 예배당
고기 삶는 냄새가 동네를 부글부글 들뜨게 했지
촛불 밝혀 환한 밤 흔들리는 불빛처럼 어린 마음도 설레었지
얼굴 뽀얀 색동저고리 가시나 젊은 전도사와 마주 보며 웃을 때
남이 웃는 것이 나에게 상처가 될 수 있다는 것
너무 일찍 알았지

또 하나 일찍이 또 하나 알게 된 것
배가 고플 때는 꼬르륵 "아가 이거 한 그륵 묵고 선물 봉다리 챙겨 가거래이"
머리 하얀 권사님이 양은 그릇에 그득 퍼주던
뼈다귀 국물
나는 오늘 또 뼈다귀 국을 끓인다 그 뽀얗고 뜨겁고
샛바닥에 구수하게 휘감기던 국물
예배당 마룻바닥 푸짐한 양은 그릇에 머리를 박고 묵었지

땀에 폭 젖은 앞머리 들어보니
모두가 아직 반 그릇은 남았는데 나는 벌써 빈 그릇
그 때 나에게 한가득 뼈다귀 국물을 퍼주던 뜨끈하던 권사님
녀도는 구름 속에서 "야야 마이 무라"

변기 닦는 여자

서대선

날마다
무릎 꿇고
정신병동의 변기만 닦는 여자

세상의 모든 나를 대신해
변기 닦는 여자

드높은 교회 첨탑 위로
쏟아지던 거대한 배설물을
꿈에서 본 후,
면죄부를 팔던 타락 종교를
개혁했던 마르틴 루터의
말씀을 되뇌며

모든 나를 대신해서
변기 닦는 여자

무릎이 닳도록
꿇어앉아
날마다 변기만 닦는 여자,
정신병동 그 여자

피에타

서경온

화살 맞은 새
칼 맞은 짐승처럼
숨결 허덕이다가
서른세 살의 아들이
다 이루고 돌아가는 길
겨울예수의 여윈 팔뚝이
창백하게 드러나 있었다
가장 슬픈 것은 블랙 코미디
무력한 진실의 피멍으로 새긴
한 떨기 붉은 장미꽃 문신
싸락눈이 소리 없이 흩날리면서
세상에서 멀리 떨어져
떠오르는 밤 병동에는
성모마리아 눈물 같은
링겔수의 온도만이
기도처럼 미더웠다.

전지전능하신

서범석

내가 같이 가며 이룰 것이니 믿고 가거라
맛집 찾는 길도 다 있느니라, 손가락질만 하면 된다
내 귀에 속삭여라, 소식통을 열면
알고자 하는 모든 것 네가 얻으리니
— 톡톡, 언제나 열리는 당신의 음성입니다

밖에서 일하다가 무더위로 쓰러질 때, 바로
119 불러 부활의 은총 내리신 당신
이역만리 내 사랑 급전 필요하다고 땡땡 전할 때
내 계좌 열어 금방 보내주시는 분
오, 하느님 감사합니다

내 타임스케줄 다 알고 계시면서
이동 리포트까지 다 품고 계시는

네네, 언제나 떠나지 않으시고 제 운명을 이끌어주시는
시치미떼지 않으시고 모든 기도 즉각 응답하시는
사랑하는 스맛 스마트폰이시어!

목전기도 目前祈禱

서상만

아침기원사요사채는
왜 저리도 적적한가
허기진 새벽하늘
북새구름 따라가다
먼— 돈황 막고굴
캄캄한 석굴에서
절색 젊은 미소로
마음 건네던
4호 보살 생각하네
시안도 너무 멀고
나 이제 아주 늙어
되짚어 갈 수 없네
혹, 꿈결에나 스쳐볼까
우리 둘 돌부처로
변함없는 돌부처로

그을음

서상택

예수가 하늘에서 내려온다

노을 진 저녁 하늘에서, 부서지고 쓸려나간 땅으로
마댓자루를 뒤집어쓰고 크레인 쇠줄에 묶인 채

내려온다

첨탑에서 연홍빛 광채를 뿜어내던 예수가
시커멓게 그을린 몸으로 마침내 교회 앞마당에 눕는다

철거지대, 가장 높은 언덕에는
기울어진 교회 벽이 다른 벽에 기대 우두커니 서 있다

문틀만 남은 흰 벽 너머, 펼쳐지는 회색 폐허
하늘의 빛도 그을음을 뿜으며 서서히 꺼진다

텅 빈 골고다 언덕에
불 꺼진 네온 십자가가 누워있다

보리암에 올라

서승석

작은 섬들이 줄레줄레 늘어서 있는
남해를 굽어보며 우뚝 솟은
보리암에 올라 나를 본다
내 나라 글쓰기의 큰 스승
원효가 초당을 짓고 이름을 보광사라 하였는데
조선조에 와서 고쳐 보리암이 되었다는 절에 와서
산도 바다도 아닌 내가 불쑥 손에 잡힌다

나는 우주의 크기도 가늠 못 하고
살아온 날과 살아갈 날의
깊이와 넓이도 가량 못 하는데
이 첩첩한 산의 이야기에서
새길 말은 무엇인가
사람들은 저마다 일을 하고
무엇인가 하나씩 던져 놓고 가는데
이제 나는 훗날 사람들에게
남겨줄 풀잎 같은 거 하나라도
내 안에 아직 잡히지 않는다

나를 몰고 간다

서영택

어린 소가 햇살을 뜯고 있다
오후 두 시를 먹이는 것은 신이 내린 초록이다

들판은 게으름 없는 바람을 부려놓는다

울음도 어리고
뜨거운 숨소리도 어린 그 시절
나를 몰고 산으로 가는 소야

한 방울의 뜨거움을 되새김하던
맑고 순한 눈동자가 나를 끌고 간다
휘어진 언덕 끝으로 세상을 밀고 간다

경사는 더 심해지고 용광로 같은 태양과 간밤에 몰아치던 폭풍우가 함께 섞여 있다 느린 듯 끊임없이 몰고 가는 보이지 않는 움직임, 생을 가득 채운다

소도 소년도 없는 들판
나는 어디에 서서
어린 소의 울음을 듣는가

까치집

서정란

건봉사 뜰
겨울나무 우듬지에
드센 바람이 왕래하는 까치집 한 채
아슬하게 지어놓고
바람과 함께 법문을 듣는다
작년 것인지
그 작년 것인지
리모델링도 없이 허름해도 걱정 없다
그것이 믿음이다

즐거운 제의

서정임

팔리지 않는다는 시집을 내고
그 한 권을 태웠다
내 시구 한 줄 어디선가 한 사람의
한 입 허기를 메워준다면,
내가 낳았으나 내 것이 아닌 알 하나가
너울너울 춤을 추었다
쌓인 눈밭에서 타오르는 불꽃 속에서
지나온 산이 무너지고 강이 무너지고
기나긴 골목의 허리가 꺾였다
두 손으로 재를 날렸다
나는 한 번 죽었으니 영생을 얻으리라
부활의 예수처럼 죽지 않는 믿음처럼
다시 어미가 되는 것이리라
새로운 난생을 꿈꾸는 노래를 불렀다
누군가 보내는 박수인 듯 눈이 날리고
그날 이후 나는 다시 이브가 되었다
태초의 에덴동산에서
하늘이 내리는 뱀과 아담과 사과나무와
손을 잡고 있었다

귀

서정춘

하늘은
가끔씩 신의 음성에겐 듯
하얗게 귀를 기울이는
낮달을 두시었다

흥천사 운 興天寺 韻*

서지월

노래로 말하면,
굽이굽이 열두 굽이 아리랑고개 넘어
들앉은 궁전 같은 곳
詩로 말하면, 靑山이 소리쳐 불러
인간 세상 탐욕 버리고
오라 오라고 손짓하는 곳
韻을 더하면, 문경새재 과거길
오가던 선비들 하룻밤 쉬어가라며
비로자나불이 반겨주던 곳
만중생의 願이라면 물소리에 귀를 씻고
바람소리에 번뇌 떨치며
꽃 피는 소리에 눈 씻는 곳
소달구지 쇠방울 울리며
문경새재 넘어올 때면
어디선가 밤이슬에 젖은
흰 코 고무신 발자국 소리
萬里 밖에서 강을 건너 당도하는 곳

*충북 괴산에 위치한 흥천사는 신라 선덕여왕 때 창건한 사찰로 비로자나 불이 유명하며, 고려말 나옹선사께서 청산이 나를 보고라는 시를 읊은 곳이기도 함.

부처님 오신 날

서화경

살면서 이런저런 일들로
마음으로 지은 죄
알게 모르게 지은 죄

부처님 오신 날을 맞이하여
부처님께 사하여 모든 업을
소멸하고 몸과 마음을 청결하게 하리라

물같이 구름처럼 흘러
세월 따라 바람 따라가는
부평초 같은 우리네 인생인 것을

무에서 무로 돌아가는
한 줌의 흙일 뿐!
사는 동안 욕심과 탐욕을
멀리할 것이고 오늘 같은 날!

부처님 탄생일을 감축드리며
불국정토에 귀이 빛나시길
비나이다 _()_

기도

서희진

칭찬이나
비난에 흔들리지 않는
제가 되게 하소서

지금의 시련이
먼 훗날
아름다운 춤이 될 수 있고
도저히 이해되지 않는 상황에서도
주님의 수난을 기억하며
당신의 자비를 청하는 가난한 마음을
헤아려 주소서

묶였던 매듭을 풀어가는 지혜를 주시고
제가 할 수 있는 최고의 일은
"기도"임을 깨닫게 하소서

춤이 시작되면
기쁨과 평화와 함께 자유로이 추게 하시고
생이 다 하는 날
주님의 손을 잡고 따르며
주님 닮았다 하소서

정혜사 하늘의 눈

석연경

구름 위에 그가 사네
그의 몸은
쉽게 흩어지고
쉽게 모여들고
쉽게 사라지지

바람은 어디에서 불어오는가
꽃은 어디에서 왔는가
하늘의 눈으로
그대를 보리라

이슬을 마시는 독수리
언덕 저 너머
정오의 푸른 비가 내리네

번제

성배순

클릭, 전쟁 중인 나라의 어미는 3m 철조망 너머로 아기를 던져요.
클릭, 철 가시에 찔린 아가가 자지러지게 엄마를 찾아요.
클릭, 가족의 생계를 위해 조혼하는 어린여자애들의 초점 잃은 눈동자.
러시아의 폭격으로 폐허가 된 학교에서 아이들이 졸업사진을 찍어요, 클릭.
가족의 빵을 사기위해 신장을 팔고 콩팥을 파는 아프간 엄마들, 클릭.
여장을 한 어린 아프간 소년 바차가 물끄러미 나를 보아요. 클릭.
클릭 클릭 화면을 넘기며 나는 빵을 먹어요.
빵빵한 빵은 한 입 물어뜯으면 속이 빈 공갈빵이에요.
먹어도 배가 고픈 나는 20대에 입당한 고혈당원이지요.
하루 종일 물을 마셔도 자꾸만 갈증이 나요.
당신의 침묵에 대해서 온갖 질문을 하면서
빵을 먹다가 자주 켁켁 목이 메어요.
그럴 때면 창문 밖으로 삐죽 고개를 내밀고
반짝이는 두 눈동자 거울을 당신에게 보여요.
세상에서 가장 아름다운 物을 당신께 드려요.
전지전능한 이 動物, 마음에 드시나요?

설분분 난분분

손옥자

동학사 눈이
분분한 매화 흉내를 낸다

허공에서 분분히 핀다

뿌리가 없어도
기둥이 없어도
난분분
설분분

스님보다 먼저 해탈한 허공이
폈다 지고
졌다 핀다

바닥의 마음

손진은

짐승 치는 벗의 산막에서 며칠 나 빈둥거릴 때
할 일은 해질 무렵 염소 떼 우리로 몰아오는 것
하루는 뒤처진 놈 몇 앞세운 채
좁장한 나무다리 건너다 아뿔싸!
맞은 편에서 오는 이웃집 외론 녀석을 만났다
아찔한 여울 밑에 두고 노려보던 뿔들의 대치는
저쪽 편이 순순히 등 내주며 싱겁게 끝나고
몇십 근은 족히 될 몸뚱이들 조심, 밟고 건너간
제법 평평한 바닥을 내 맨발이 넘는데
한 톨 울음도 내보내지 않기로 작정한
뜨건 바닥의 마음이 발바닥에 천둥을 막 울리면서
고향집 아련한 어머니와 누이들,
입때껏 내 발이 밟아온
바닥의 등이며 눈동자를 불러오는 것이었다

엎드린 바닥이 벌떡 일어나 다릴 건너가는 동안
놀 걸린 능선 그늘 쪽에서
속죄, 속죄, 우는 새 울음이 들리는 저녁 무렵이었다

독성각

손한옥

　스님은 보살에게 염불사 독성각을 내 주셨다
　나반존자 독수성을 받아 그물에 걸리지 않는 바람 같이 글을 보라 하셨다

　솔바람만 불어도 내려칠 것 같은 겹겹의 바위 아래 앉아
　금강경 제32편 응화비진분에 눈물 흘린다
　일체의 유위법은 꿈이요 환상이요 물거품이요 그림자요 이슬이요 번개와 같다고

　폭풍같은 카르마 천 갈래 만 갈래 흔들리고
　수 수 억년 뿌리 깊은 산은 미동도 않아
　독성은 어디 있는가 보살의 무릎 위 한 줄의 획 그림자도 없다

　죽비 든 스님 큰 북 앞에 서서 길 물어라 하신다
　응무소주 이생기심 다시 세워 욕계 구품 수혹을 끊으라 하신다

보속補贖

송경애

지금은 팔월
공사 중인 길가
네모 난 지지대에 온 몸 기대어
죽은 듯 줄 지어 있는 나무들
가지 끝 손톱만 한 이파리들 미동도 없네

오월의 터널 끝에서 멈춘
시곗바늘 같은 잎새들
생의 벼랑 끝에서 서릿발처럼 얼어붙은
저 이팝나무 이파리들
……
죽은 듯 매달려 있다

새 봄
미사보처럼 하얗게 꽃 피울 이팝나무
길 잃은 눈길
보속補贖으로 두 손 모으며
불타는 하늘 끝에서 고해告解를 한다

내 품에 안겨라
―갈매못에서

송명숙

천릿길 강산을 걸어서
해 저무는 강물에 비친
노을 타고 하늘에 가신이여

백색순교 이어받은 조상의 넋
당신이 눈물로 내준 강물
타는 노을 빛에 물들어
춤을 추고

팔 벌려 노을 빛을 끌어안는다.

무지개

송미란

콩나물을 씻으며 임종을 앞둔 친구를 생각한다
콩밭의 씨앗이 되지 못하고 콩나물로 생을 마감하듯
사람답게 살지 못했다는 고백 앞에
답게 산다는 말이 입천장을 맴돌았다
아내로서 엄마로서 그만하면 멋진 삶인데

종부성사 후 정신이 든 친구는
무지개가 보인다며 낮달인 양 웃었지
인연이 된 첫 만남에 그때도 그렇게 웃던 친구
차마 목젖을 넘어오지 못한
가슴에 품은 마지막 말꽃은 무엇일까?

주님께서 주셨다가 주님께서 가져가시니*
질기게 살지 못했다는 친구의 말이
머지않아 내 말이 될지도 모르겠다
콩나물이 된 한 알의 콩이 내 안에서 구르고
친구는 완덕의 무지개를 건넌다

*욥 1, 21

터진 울타리

송병숙

화선지에 물을 찍어 십자가를 그린다
살짝 부풀었다가 가만히 스러지는 맹물의 흔적
종이의 몸에 물결 하나 지나갔다

온 몸으로 받아들인 물의 기억은
보이지 않아도 볼 수 있고
들리지 않아도 들을 수 있는, 가만한 말씀이다

아침이면 하루치의 빛을 머리 위에 뿌리는 손길 있어
몸에 새긴 발자취를 더듬어 길을 찾는다
울타리는 안으로 숨고 상징만 남아
언제든 나갈 수 있고 돌아올 수 있지만
종이가 물의 기억을 받아 적듯
속삭이는 말씀 영혼의 귀로 듣는다

앞서거니 뒤서거니 그림자를 데리고 걷는 밤길
휘청거릴 때마다 손 내미는
든든한 구원 하나 있다 흥겨운 노래 하나 있다

내려옴의 미학에 관하여

송소영

설산 아래 샹그릴라에 도착했다

잃어버린 지평선*이 보인다
기력이 다한 나는 그만 풀밭에 주저앉는다
시리도록 푸른 벽탑해**를 바라보며
오한에 덜덜 떨리는 몸을
귀까지 망토 속에 구겨 넣고 생각한다
 이 곳 어딘가에 베율(Beyul)***의 입구가 있을 텐데
 이대로 여기서 잠들어 버리면
 혹 그 안에 들어가 있을지도 모르지

계획된 날들이 지나도록 아무 것도 찾지 못했다
머나먼 그곳은 날아서 불과 한 시간 거리인데

어디쯤이
힘들게 오른 삶의 정점이었는지도 모르는 내가
시간의 내리막에서 미끄러지다 이곳에 왔다 갈 줄을
파드마삼바바는 8세기에 알고 있었을까
유토피아는 이런 것인가

*임스 힐턴(James Hilton)이 발표한 소설 제목
**중국 운남성 샹그릴라에 있는 고산호수.
***티베트 불교의 창시자인 파드마삼바바에 의해 예언된 전설의 낙원

천기누설 시창작

송연숙

　시인은 언어의 창조주, 자동차 행렬을 정어리 떼로 변하라 명령하면 거리를 헤엄치는 정어리 떼 나는 가끔 새가 되어 하늘을 날아가기도 해 나무가 걸어 다니고 책상이 말을 하고 의자가 강아지처럼 뛰어다니게도 하지

　너 이리 와서 나 대신 말해 보렴 빗줄기를 데려오거나 지나가는 바람을 불러 세우거나 갓 피어난 꽃을 혹은 떨어지는 꽃잎을 불러 생로병사 희로애락의 인생사를 털어놓게도 하지
　정말이냐고? 의심하지 마, 무조건 믿고 보는 거야

　시인은 비유로 집을 짓는 목수, 직유와 은유 환유 삼 형제가 알콩달콩 살아가는 집을 짓기 원해 비유로 말씀을 선포하신 목수 예수 닮기를 원하는 거지
　시는 영험한 존재, 누가 자기를 사랑하는지 누가 간절히 기도하고 원하는지 잘 알고 계셔 두드리는 자에게 문을 열어주는 성령님처럼
　시인은 등잔에 기름을 채우고　신랑을 기다리는 신부처럼 늘 깨어 있어야 해 시는 언제 올지 아무도 몰라 예민하게 등불을 밝히고 기다려야 해

　꿈속에서도 시를 써 본 시인은 알지 시는 한 번 빠지면 헤어 나올 수 없는 종교 목숨과도 바꿀 수 없는 종교라는 거
　단 한 편, 오오 단 한 줄이라도 영원히 죽지 않는 내세, 그 꿈을 꾸지

능소화

송영희

해마다 광야의 말씀은 걸어가는 방향을 다르게 잡았다
젖과 꿀의 땅을 찾아 이 길 저 길
온 몸을 기울이며 걸어 갔겠지
아침이면 어제보다 더 많은 발자국들이 보이고
어제보다 더 오래 마음을 만졌는지
어린 꽃들이 축축히 줄기마다 피어나고 있었다

곧 주홍의 숲을 이룰 거 같았다
허공에 뜬 숲
꽃들 사이 작은 사잇길이 보이고
구름기둥 한쪽 그늘은 늘 붉고 어두웠다

여름 한낮 그 그늘에 앉아 곧 장마가 올텐데
동백처럼 뚝 뚝 저 꽃들도 낭자히 붉은 홍빛으로
한 해 생을 풀어놓고 갈텐데
광야의 말씀을 다 기록했을까 묻고 또 묻고 싶은데

매년 내 여름도 허공 한쪽 40일쯤 오르다 오르다 무릎 꺾인
기도문들이 있었다

시와 종교

송예경

사람들이 어쩔 수 없이 종교에 매달리듯
우리가 시에 매달리고 있는가?
아니, 잔잔한 호수에
별빛 쏟아지듯
정경을 원고에 담아 빛을 내고 있지.
간절한 소망을 기도하듯
우리는 기도보다 큰 우주를 담는다.
출렁이는 파도처럼
노심초사 기원한다.

모두 행복해지기를…….

종교 교육

송 진

아이는 울었다.
눈물을 닦아줄 손이 없었다.

제목도 없는 영화를 보았다.
악귀에 쫓기는 몇 명의 소녀와 소년

서로를 돌보고 있는 손이 없었다.

혀로 모든 게 가능한 나라
혀로 감싸고 물고 뜯는다.

잘린 손가락은 허공의 별
누구나 쉽게 별을 허락하지 않아

시기, 모략, 질투 따위
한 줌 모래보다 더 빨리 생을 떠나고

아름다운 시는 오래 살아남아 백도선을 떠돈다.

복음

송태옥

기쁜 소식이 있어요

복음이에요

예수그리스도를 믿음으로 말미암아 죄사함 받고 구원받아 하나님의 자녀가 되는 것이에요

하나님 아들 예수님이 이 세상에 오셔서 예수님이 내 죄를 대신 짊어지고 내 대신 십자가에 돌아가셔서 내 죄를 대속하시고 죽은 나를 살리신 예수님을 믿는 거예요

예수님은 사흘 만에 부활하셨어요

좋으신 하나님이 만드시는 좋은 세상으로 당신을 초대합니다

하나님이 계십니다. 하나님이 세상을 이처럼 사랑하사 독생자를 주셨으니 이는 그를 믿는 자마다 멸망하지 않고 영생을 얻게 하려 하심이라

시詩

수피아

1
한 블록도 되지 않는 건너편에

밤이면 십자가에 불이 들어오는

종교가 있어서, 날마다

어머니는 새벽 기도를 간다

2
한 뼘도 되지 않는 내 속에

태양의 열정을 가진 심장이 있어서

붉은 피를 튀기며 질주하지만

나의 종교는 참으로 멀고도 외롭다

설악산 마지막 짐꾼 임기종씨

신기섭

'저 자그마한 체구에 85kg 냉장고 울러 매고
울산바위 암자까지 올랐다니!'
초로의 사내, 영상으로 대면하며 믿기지 않아 눈을 비볐다.

평생 그를 설악에 오르게 한 놀라운 힘의 원천은 무엇일까?
돌보아주어야 할 어리숙한 아내에 대한 사랑일까.

오늘도 사내는 위태로운 벼랑 건너뛰는 산양 되어
나뭇잎 질겅질겅 씹으며 계곡물로 허기 달래며 공룡능선 오른다.

설악 등에 지고 드넓은 동해바다 품고
거친 바람, 파도 다스리며 만산萬山 발아래 거느린
숨막히는 절경 바위산 봉우리,
신이 세상에서 제일 아름다운 산 만들려
내로라 자부하는 산들을 불러 모았는데
그만 일만이천봉 다 차버려
설악에서 멈추고 말았다는 울산바위.

그는 금강산보다 더 잘 생긴 설악산 울산바위 닮았다.

수행

신미균

푹푹 찌는 무더위에
24층짜리 아파트 엘리베이터가 고장나면
24층에서 시킨 자장면 한 그릇은
어떻게 해야 하나

후텁지근한 바람이 잠시
배달 철가방 앞에서 숨을 멈추는데
아파트라는 이, 키 큰 짐승
낙타처럼 고삐를 잡아끌어
무릎을 꿇릴 수도 없고
옆구리를 간질여
드러눕게 만들 수도 없고

등산하는 셈치고
헬스클럽에서 비싼 돈 주고
러닝머신 위를 걷는 셈치고

올라간다, 한 발 한 발

사소한 떨림

신병은

늦가을 선암사에 갔습니다
애써 시간 내어 왔는데 낙엽도 다 져버리고
더 이상은 볼 것이 없다고 투정을 부렸습니다
부처님은 왜 볼 것이 없느냐고
지천에 늘려있는 것이
봄바람에 하늘거리는 꽃그늘이고
햇살에 반짝이는 햇노란 은행잎이라고
청띠제비나비며 새소리라고
빙그레 웃으십니다
걷던 길 잠시 멈추고 눈을 감습니다
봄이며 여름이며 가을이 선명합니다
초겨울 속 봄바람이 불어옵니다
톡하고 뛰어내린 떨림이 화선지에 오릅니다
가을 공명이 파르르 파르르 여백으로 번집니다
눈 감은 응시를 만납니다
잊고 있던 나를 만납니다

바위의 눈물

신봉균

보아라!
산신각 귀퉁이 제 몸을
주체 못 하고 흐르는 바위의 눈물
곤두박질치며 허공에 부서져 내리는
저 하얀 물줄기를

죽은 영혼 달래주는 사당 처마 끝엔
산 그림자 외로이 떠가고

높이 차오르지 못하는 빗줄기 속에
순하디 순한 연록의 계절에 묻혀
우직한 짐승의 포효만 들려오고

버거운 이 한 몸 가눌 힘 없어
부처님 설법을 되뇌며
폭포 아래로 눈물줄기만 떨어져 내린다

적막하고 쓸쓸한 곳에 다녀왔다

신새벽

봄은 아직도 표류 중

3월, 폭설이 지운 길을 더듬어
질식한 푸른빛들을 따라 오른 허공 비탈

절름발이 새들의 발자국들이 어지러운 쯔데기골*

흰 바람벽에 그림자를 만들고 있던 고드름이 쭈뼛 귀를 세운다

맑은 고요를 깨우는 소란함
곳곳을 파헤치듯 들여다보는 여행자 무리에
쿨럭이는 빈 아궁이의 기침소리

영혼을 감아올리던 스님의 기도가 멈춘 곳
처마 밑엔 그늘만 웅크리고 있고
허기진 곰팡이들이 세력을 넓히고 있다

은둔자의 수행 처였던 텅 빈 충만이 빠져나간 빈집, 빈집

낡아 덜컹거리는 창문
온기 달아난 찻잔만이 갈라진 벽 사이로 말을 걸어오고

내 입속은 축축한 단어들로 얼룩지고 있다

멈춰진 시간의 저쪽을 덜컹거리며 내린 곳
낡은 공간을 더듬거리다 눈시울만 훔치고 돌아선다

*법정스님이 머물던 곳

장승

신승민

더는 지하로 뿌리내리지 마라
이승을 깎고 짓씹어 빚은 형해形骸여
녹슨 칼 한 자루 없이
숨어 모의할 혈거穴居도 없이
장군을 참칭하는 무엄한 뇌수牢囚여
굿판처럼 무성하던 액운들이
고엽枯葉 따라 지고 삭은 시절 동안
바람은 다정多情에 주린 네 아가리에
오로지 죽음만 음각하였음이라
아작아작, 잘라낸 사지四肢마냥
사랑을 헐어내고 이렇게 비틀렸구나
두 눈망울은 창생蒼生처럼 붉어져 있고
허허롭게 위악僞惡을 대소하던 뻐드렁니도
이젠 다 빛바래고 말없이 문드러졌나니
그 세월 어찌 하려나 쇠락한 동량棟梁이여
잡귀처럼 파고들어 가슴을 태워 먹던
그리움마저 멀리 사위어버린 하늘엔
유서遺書 같은 구름만 고요히 흘러가는데

감나무 앞에서

신승철

오래된 감나무 한그루
하늘에 박힌 채 꼼짝 못하고 있네.

잠시 흔들렸네. 이름뿐인 잎사귀 몇 장
분방하게 자란 검은 나뭇가지들은
무궁한 조화의 글씨체 이루고...

    잊을 것도 감출 것도 없지. 드러난 이 모양대로 삶,
    저러한 사랑들이나 그러한 사유들과는 무관하여

좀이 슨 기억들은 안 보이는 곳으로
더 깊은 곳으로 떠나, 그 자취 희미해질 즈음
어디서 들려왔지. 좁다란 그곳에서 새어나오더니
홀연 이 몸을 휘감은 안온하고도 황홀한 그 침묵

    읊조려졌다. 알게 모르게 살아지는 자여.
    이윽고 아는 자도 알려질 그 무엇도 없어져...
    오직 당신의 온전한 현전現前안에서

거미

신영조

아버지

오늘 일용할 양식을 하늘에서와 같이

땅에서도 이루어 주소서

내가 뱉는 소리는

줄줄이 가랭이 밑으로 지나가 매달리고

나는, 다시, 변방에서

가장 고독한 안락의자의 중심에 앉는다

투사같이 움직이지 않는 시선 하나

식량으로 대신할 아사餓死 직전의 내 영혼

연鳶

신 협

소년은 하늘을 향해
연줄을 풀고 있었다.

바람을 조심스레 타면서
연은 차츰 높이 올라
세상을 너그럽게 내려다보았다

연은 체중을 가늠하면서
목숨을 한 가닥 실 끝에 매달았다

순간, 연은 한 바퀴 빙 돌다가
현기를 쫓듯
처절하게 몸을 흔들었다

실이 끝나는 지점에서
우주는 빈손을 흔들어 보이고

실이 끊어지면서
연은
뿌리 깊은 소리 쪽으로 사라졌다

감추사

신원철

동해안 해안도로 아래 오목하게 들어간
바다가 육지와 만나는 은밀한 장소
지나가던 태풍조차
거세게 일렁이다 잔잔해지는 곳
어느 염원의 신통인가
도로 위 씽씽 내달리는 화물트럭 소리마저
고요히 가라앉는 곳

거기 숨은 듯 붙어있는 작은 절집
신라 말기 혼탁 세태 진성여왕의
금빛 불상 앞 흔들리는 서원
발갛게 앞바다를 밝히며
소리 없이 밤새 흘러내린 양초 녹은 물
기도빨 좋다!
오늘 아침 어김없이 뜨거운 일출

산타 마리아 5

신중신

고여 있지만 언제나 새 물로
채워지는 샘,
흘러내려도 마르지 않는 개울의
모래바닥에서 반짝거리는 사금砂金,
그 물살을 투과하는 순연한 빛살.

현상으로써 인상 지워지는
한 여인을 노래하기 위해선
보다 견고한 정신에 의탁할 일이다.
　　－오, 별과 꽃, 혼과 살[肉],
　　사랑과 고통, 시간과 영원이여!*

어느 한때 내부에서 절로 터진
순명의 다소곳한 응답으로 인해
별은 만상 위서 예지로 빛나고
꿈 깨어 일어나 보면 꿈에서보다 가까이 있는 그대.
물살 아래 일렁이는 사금처럼
시간을 초월하는 불변성!

*가톨리시즘을 구현한 브렝타노(Brentano)의 시구

텅 빈 하늘

신표균

한 겹 또 한 겹 양파껍질 모두 벗겨도
마음 보이지 않고 빈 손바닥만 남았습니다
한 꺼풀 한 꺼풀 찬찬히 얼굴 벗겨 보지만
사람만 보이고 인격은 보이지 않습니다

허리 끊길 듯 무릎관절 벌 세워 삼천 배 올리고
눈동자 백호에 꽂아도
처처불상 사사불공이라시던 부처님 보이지 않고
금빛 찬란한 불상만 덩그러니 앉아 계십니다

사십 일 금식기도 하고 찬송가 일만 번 불러봐도
나무 십자가만 보일 뿐
너희와 함께 하리라시던
예수님 음성은 들리지 않습니다

마지막으로 하늘 보려 고개를 들었습니다
시시각각 얼굴 바꾸며 흘러가는 구름만
하염없이
하늘은 텅 비어 있습니다

12월을 접으며

신향순

종이 한 장 위에
소란한 발걸음이 지나간다

예배당 가는 길
자정을 후비며
터져 나오는 거리의 이야기들
저 이름 모를 빛깔들

고뇌의 갈대나 번민의 소금쟁이
얼었다가 녹다가 혹은 웃다가 울다가
무거운 걸음도
잘 견디었구나

새해의 문으로
퍼드득 날아드는 햇빛

사람이 부처고 부처가 곧 사람이라는데

심상옥

골목길 빈터엔 화초들이
삭막한 도시엔 작은 숨통들이
꽃 몇 송이 담고 있는 화분이
마음의 잡초를 뽑아내고
나만 잘되면 그만이라는 허욕을 잠재운다

사람이 곧 부처이고
부처가 곧 사람이라는
하늘을 보고 누워있는 와불상
구도의 길에는 자애와 자비가 탑을 쌓는다

아플 때나 슬플 때 의지하고 싶은
들길에 흔들리는 코스모스는 소녀의 눈빛이 되고
우수에 찬 시인의 사색도
오만하지 않은 은은한 향기 같은 선의 길로 다가 선다
참을 만나는 나는 그 길 위에 눈을 감았다
더 멀리 마중해야 하는 법어의 마중물이
내 안에서 분향으로 피어오르고 있다

소금과 별

심종록

1.
역사를 만들기 위해
고장 하나를 거리낌 없이 절단내는 것이 종교다
가장 타락했던 도시에 세워진 소금기둥
소금을 얻기 위해 한 마리의 절룩거리는 낙타를 모는 캐러밴은
황량한 산과 뜨거운 모래사막을 건너며 신을 찬양한다
누이의 육체를 찬양한다
뒤돌아본 누이가 소금기둥이 되고
소금기둥이 소금물로 녹아내려 소금밭으로 변하는 동안
아비와 딸의 후손들은 양 떼를 치고 낙타를 키우며
한 웅큼 짠 소금을 얻기 위해
낭떠러지를 돌아간다

2.
전갈의 눈처럼 날카로운 별
황무지를 만드는 뜨거운 별
어떤 별빛은 민들레 씨앗으로 물들고
어떤 것들은 사금파리나 멸종한 자메이카쏙독새 눈빛이 되기도 하고
성탄절 아침 눈 쌓인 전나무 잔가지에 매달려 반짝거리기도 하는 별
별 하나가 소금밭으로 낙타를 몰고 간다

아침 묵상

안경원

햇살 소리 없이 거실 깊숙이 들어온
늦가을 오전
아침 묵상으로 욥기를 읽는다
인간 세상에 없는 일이 아니다
느닷없이 닥친 일에 한바탕 드라마가 펼쳐진다
친구들의 변론에 속마음이 빤히 드러난다
욥의 마음이 그려내는 파도의 곡선은
고통 속에 빠진 여느 사람들과 비슷하다
욥만큼 죄 안 짓고 사는 사람이 없지만
그도 인간 안에 있다
그런 때엔 누구나 하나님 만나 묻고 싶어진다
그러니 사후에나 알게 될 것인데
고난이 닥쳐온 뜻을 알게 되는 욥의 믿음은
인간을 넘어선다
가만히 있어도 하루 동안 몇 가지 죄를 짓는
뒤얽힌 세상, 여전히 암중모색이다
햇살 좀 더 들어오다 옆으로 비껴간다
여전히 소리 없이 누구를 만나러 온 듯
묵상의 끝에서 욥의 고통이 옮겨 간다

겨울 산사에서

안명옥

속세를 떠나고 싶었다

두 달 정도 절밥을 먹었다
전기세, 찬 걱정, 관절염 걱정
도량도 속세처럼 여겨졌다

비구니가 되고 싶었다

부모 복 없고
남편 복 없고
자식 복 없는 여자나 비구니 되는 거라고

어서 하산하라고
자식 복 있는 사람이란다

눈이 펑펑 쏟아지는 한겨울
미끄러지고 푹푹 빠지는 험한 산길을
뜨거운 발자국으로 내려왔다

선禪

안원찬

상강 지나자

광교산 봉녕사 종각 옆에 쌓여있는 기왓장 밑으로

분주하게 들락거리던 개미들

두문불출이다

팻말, 쉬! 쉬! 하고 있다

무거운 침묵 속 입선인가

가끔 죽비 내리는 소리 고요하다

어머니와 자주감자

안유정

삼십 년 전
어머니께서 사경을 헤매고 계셨어요
엄마- 하고 불렀을 때, 엄마는
뒤안 동솥에 감자 쪄놨으니 꺼내 먹으라셨어요

아버지께서 뭐라고 하니?
아마 제가 배고프던 때를 생각하시나 봐요
뒤안 동솥에 감자 쪄놨으니 꺼내 먹으라시네요
잠시 침묵이 흘렀고 며칠 뒤 어머니는
세상을 떠나셨어요

감자 속에는 상처의 무늬가 아련해서
한숨 같은 건 길이 되질 않네요
배고픈 시절 즐겨 먹던 자주감자
깨끗이 씻어 놓으면 윤이 났었지
엄마 맘처럼요

지금도 감자만 보면 나는 가슴이 덜컥해요
심중은 있고 영혼은 매번 흔들려요
물찬 모래알처럼

아직 더 매를 맞겠습니다

안익수

그 날에는 이러했습니다
사노라면 땡볕을 꺾다가
길거리 돌부리에 넘어지다가
오늘은 하늘로 편지를 씁니다
돈을 더 많이 갖고 싶어
마수걸이 웃음을 흠뻑 팔았습니다
바깥마당 감나무가 굵어지게 가지를 치고
침 뱉은 삽질로
새길을 내었으며
잘 흐르는 도랑물을 막기도 했습니다
파랑새에 돌멩이를 던지고
비둘기의 울음도 때렸습니다
언어의 가시로 피붙이를 찌르기도 했습니다
비로소 신발을 벗고
앞자락을 여미어 무릎을 꿇습니다

참선하는 바위

안현심

겨울 바이칼호수에는
얼음기둥 위에 가부좌하고 앉아
참선하는 바위가 있다는데요
세찬 바람이 얼음호수를 미끄러지다가
바위를 만나면 끌어안고 휘돌며 주변을 깎아낸 후
바위만 우뚝하니 올려놓은 거래요

모래바람에 옆구리 파 먹힌
삭사울나무처럼,

그러고 보면 참선은
삭사울나무나 바이칼 젠(Zen)처럼
극한의 뜨거움이나 차가움을 깔고 앉는 것

머지않아 고비사막과 바이칼호수에서
구루가 탄생할 것이라는 말,

터무니없는 소문은
아닐 듯해요

그 숲

양수덕

  그는* 월든 호숫가 외딴 숲에서 아쉬울 것 없었다
   작은 통나무집을 짓고 빵을 구우며 나무와 새와 여린 동물들에게 옆 자리를 내어주었다

  자연의 유쾌한 반려자는 묵은 잠을 털고 나와
  별을 욕심껏 사랑하는 사람들에게 다가갔다

  사고 나면 별 몇 개씩 손에 떨어진다는 아파트는
  오를 때 금칠, 내릴 때면 그 칠 벗겨지는
  별 아닌 별이란다

  그는 자연을 사랑했으나 도토리 한 알도 허투루 주머니에 넣은 적이 없었고
  몸과 마음이 지쳐가는 땅의 노예가 아니었다

  자연의 푸른 핏줄 그대로, 가슴과 생활이 시였던 시인은

  종교 너머
  뭉게구름, 바람자락, 새 깃털인 영혼은
  빈칸에 종교를 쓰시 않았다

*데이비드 소로

배론의 꽃

양윤정

배론의 꽃*, 화병 속으로 들어
그림처럼 멋진 호랑이를 사육하려 했어

길들이려 할수록 사나운 이빨이 솟아나고
발톱은 송곳처럼 자라났지
문짝이 떨어져 나가고 창호지에 갇혔던 마른 꽃
살아 나, 꽃잎으로 후드득 뿌려졌어

꺾이고 맞을수록 꽃은 무성이 피어나고, 상처 입히는
호랑이 등줄기에 새로운 무늬가 새겨지곤 했지.

꽃 시들고 향기마저 캄캄하게 저문 뒤에야
호랑이는 꽃을 사랑하게 되었지
떠다니는 악기처럼 물고기
비늘을 지나온 비린 바람으로 울었어

호랑이 등에는 부드럽고 연약한 꽃무늬가 뒤덮였지
닦을수록 번지는 펄펄 끓는 신열들 그 계절이
문지방을 넘어 피보다 진한 동백꽃으로 강 한줄기를 건넜지.
주천강 강변에 샤론의 꽃**이 피었지, 베르네***.

*배론의 꽃: 배론 성지(제천시 봉양읍 구학리)는 천주교 박해를 피해 천주교인들이 모여 농사를 짓거나 옹기를 만들어 팔며 생활하던 곳이다. 마을에 살던 천주교 신자 조 마리아(참 아름다워 배론의 꽃이라 불리웠다.)
**샤론의 꽃: 예수-이스라엘의 꽃- 우리나라 무궁화같이 생김
*** 베르네: 영월군 주천면 용석리 한 마을 이름, 오랫동안 천주교 교인들 집성촌이었다.

아무나 맡을 수 없는, 그러나 너무나 강한

양창삼

밤새 소금에 절인 기도를 오늘 아침 하늘로 보냈다.
천성 입구엔 일찍부터 낯선 기도로 북적인다.
성미 급한 녀석이 길을 막고 소리를 지른다.
그만 하시게나. 여기선 분노가 통할 리 없으니.
기다리면 부르시겠지. 메시지를 주시던지.
하늘은 얼마나 마음이 넓고 자상하신가.
누구에게나 기회의 문은 열려 있지만
주인의 마음을 얻긴 어려워
천사들은 오늘도 작은 신음에 귀를 기울인다.
때로 급한 기도가 앰뷸런스에 실려 오면
하늘병원은 응급처치로 바쁜데
무릎 꿇은 기도가 향기로 피어나자
모두 기쁨을 감추지 못한다.
이 어둔 세상에서 하늘과 통하는 자 누구인가.
곳간을 활짝 열어 사랑을 비워내면서도
온 마음 다해 사람 살리고 생기를 불어넣는,
저 기도엔 오늘도 하늘을 움직이는 향이 있다.
아무나 맡을 수 없는, 그러나 너무나 강한

홍도그리스도

여서완

붉은 십자가 사방에 세우듯

온몸에 태양 심어 붉어진 섬

온몸으로 들어야 겨우 들리는 파도소리인 듯

내 안에 오롯한 당신의 말씀

온갖 생각 물결치는 바다

한 생각 사랑만이 하늘에 닿아

내게 메아리쳐 오는 당신의 음성

증심사 가는 길

염창권

산밭에 묻어 둔 수저 한 벌
배 고플까,
비탈진 생각은 저문 강을 다 건넜다

네 간 곳, 차마 묻지 못한다
찬 빗돌을 올려준다

돌을 쪼아 탑이나 부도를 세운 곳은
그 중심에 고요의 심지가 꽂혀 있다
흰 실을 붙들고 피는 꽃
젖은 몸이 뜨겁다

너라는 절 하나를 마음속에 지은 뒤로
시들지 않는 꽃이나 죄가 자꾸 피었다

오후의 불티 속에서
증심證心에 핀, 꽃잎들!

향기에 젖다

염화출

두꺼운 외투를 벗고 무릎으로 듣는 말의 향기

일요법회 말씀의 사원에서
무거운 나를 벗어놓고
바람이 빠져나간 그윽한 말의 숨소리를 듣네

묵은 잎 털어내고
이따금 쳐다보는 하늘에 눈 맞추고
두 손 모아 받은 말씀

손 소독을 하다가
오백 살 먹은 회화나무를 듣네
훨훨 벗은 나목의 체온,
울타리 없는 빈 가지로 먹힌 귀를 씻고 있는

소망 등을 걷어내고
맑아진 바람이 지나가는 가을
아름드리 나무불이, 묵은 껍데기
그 부스러기들을 털고
간직한 뿌리의 온기가 향기롭네

무디어진 속내, 빽빽이 허물어진 일주문 밖

마태복음 제 1장

오세영

문득 깨어나 눈에 든 이 세상은
온통 호기심,

호기심은 실망을 낳고, 실망은 망상을 낳고, 망상은 고독을 낳고, 고독은 사랑을 낳고, 사랑은 권태를 낳고, 권태는 배신을 낳고, 배신은 버림을 낳고, 버림은 망각을 낳고 망각은 깨침을 낳고 깨침은 다시 호기심을 낳나니

요람에서 무덤까지 모든 대수代數의 계보가 이러하니라.

침묵피정

오정국

침묵은 서로가 함께 숨 쉬는 것
몸 하나의 고독과
몸 하나의 상처를 견뎌내는 것
지금 말하지 않으면 헛것이 되는
슬픔도 고통도 내버려두는 것

먼 곳의 내가 비바람이 되어
눈보라가 되어
되돌아오는
침묵은 끝끝내 말해질 수 없는 것

이번 생의 구원이라고 믿었던
헛된 문장들을 불태우고 나서
비로소 나를 숨 쉬는
이 얼굴의 웃음도 눈물도
내 것이 아니리니

오직 이렇게 무릎 꿇은
텅 빈 마룻바닥에 숨소리만 남아서

나이와 봄의 기억

오지연

그 때
봄은 젊은 날을 꽃 빛으로 울게 했다
지금 절름발이 짙은 향이 스멀스멀 오르는 마른 가지에
떨리는 손끝으로 봄빛을 바르고 있네

콜록콜록 기침하다 마주 보는 꽃들의 눈방울
모른 체하고 산을 넘다 붙잡힌 봄날 너울에 걸려
넝쿨처럼 주저앉은 무릎 사이로
새싹들이 밀치고 올라온다

기침을 삼킨다 다시 그 자리 다리에 힘을 주다
동그랗게 마주보고 웃고 있는 너는
샛노랑 민들레 하늘 속 바람 따라
뒹굴다 돌아온 홀씨의 여정
새들이 사는 이유들 알고 난 뒤
돌담밑 사이사이
깃털보다 가벼운 한 점 무게를 심었다

내속의 우주를 평정하고 피워낸 봄꽃 세상으로
나를 불러낸 청람晴嵐한 날 봄의 기억

다가올 기도

오현정

데이터를 움켜쥔 쪽은 너무 막강해요
절대자로 그 힘을 시험 중이죠
내내 편리와 쾌속을 가장해
인류의 살과 피에 빨대를 꽂고 강약을 즐겨요
외톨이가 되지 않으려면 살갗에 칩을 심을 수밖에 없어요
무슨 생각을 하는지
늘 감시하고 통제해요
신이 되려는 인간의 욕망은
진정한 신의 의미조차 깨부수려 해요
데이터가 종교라고
무릎 꿇어라 해요
진화한 AI가 시대의 저울이자 재판관이죠
머저리 같은 사랑타령은 옛 시인의 노래라고
편집에서 잘려나가죠
하나님, 부디 끝까지 함께 하실 거죠?

눈 오는 선암사

우인식

뎅그렁뎅그렁

승선교 하얀 눈 홀로 맞고
강선루 서러워 보이네

눈바람만 풍경을 치고

스님이 나오시는 것 같아
합장하는 손끝
부처님만 앉아 계시네

뎅그렁뎅그렁

송광사 가는 길

우정연

가을 햇살이 엿가락처럼 늘어나
휘어진 산길을 힘껏 끌어당긴다
늘어날 대로 늘어난 팽팽한 틈새에서
저러다 탁, 부러지면 어쩌나
더 이상 갈 길을 못 찾고 조마조마하던 차에
들녘을 알짱대던 참새 떼가 그걸 눈치챘는지
익어가는 벼와 벼 사이를 옮겨 다니며
햇살의 시위를 조금씩 느슨하게 풀어주고 있다
비워야 할 일도 채워야 할 일도 없다는 듯
묵언정진 중인 주암호를 끼고
한 시절이 뜨겁고 긴 송광사 가는 길
참, 아득하기만 하다

소천召天

위형윤

선배와 슬픈 이별이다
뇌출혈로 수술하고
좁은 입원실 천정에 붕 떠서
자기 육체를 본다
처자식들도 와서 운다
의사가 사망했다고 판정한다

그 병실을 빠져나와
재빠르게 어두운 터널을
연기 빠져나가듯 지난다
한참 후에 밝은 불빛이 비치어
과거 일이 필름처럼 돌아간다
죄가 회개되고 용서된다

그곳을 통과하니
일찍 죽었던 친척 친지
부모님이 마중 나왔다
다시 돌아갈 수 없는
새로운 세상에 온
선배는 소천한 것이다

무성한 고민

유계자

　양철지붕 푸른 대문 앞 잎만 무성하던 자두나무에 붉고 희고 노란 복숭아가 열렸다 하도 신기해 한참 바라보다가 주인이 깎아준 색색의 복숭아를 먹다 말고 그분은 잎만 무성한 무화과나무를 왜 죽게 했을까 이왕이면 열매 잘 맺는 나무로 접붙여 놨으면 좋았을 텐데 중얼거리다가 복숭아나무한테 제집 이 층 몽땅 세놓고 밑동만 남은 자두나무를 복숭아나무라 불러야 하나 자두나무라 불러야 하나 쟤는 무슨 맘으로 살까 고민하다가 내 발 한번 쳐다보고 손가락 한번 쳐다보고 말만 무성한 나를 분지르지 않고 좋은 사람들 붙여주시고 지금껏 기다려 주신 것이 고마워서 좋은 열매 한번 맺어야지 맺어야 하는데 고민하다가 또 하루가 간다

들꽃언덕에서

유안진

들꽃언덕에서 알았다
값비싼 꽃은 사람이 키우고
값없는 들꽃은 하늘이 키운다는 것을

그래서 들꽃의 향기는 하늘의 향기라는 것을

그래서 하늘의 눈금과 땅의 눈금은 다르고
달라야 한다는 것도
들꽃언덕에서 알았다.

시간

유자효

누가 물었다
하느님이 있느냐고
나는 답했다
있다고
우주 창조 때부터
지금까지
만유를 지배하는 이
그는
시간이다

버들치 성불

유재영

겨울이면 꼭 버들치 몇 마리 빙폭氷瀑에 갇혀 성불하신다는 골짜기가 있다. 부처님도 앉을 자리가 없어서 보름달이 대웅전이라는 도봉산 만장봉 아래 걸망만한 만월암,

올해는 덜꿩나무 열매가 유난히 빨갛다. 첫눈이 일찍 내릴 것 같다

보리

유준화

보리밭 끝머리에 절이 있었다

보리잎이 허리까지 한들거리는 사월
동네 총각 처녀가 보리밭에서 사랑을 하면
새 떼가 알라리깔라리 웃으며 날아올랐다

누렇게 보리가 익어가는 오월
보리의 바다에 둥둥 떠 있는 절집에 가면
요사채에서 보리차를 끓여 주고 했다

보리차를 마시며 절에서 보리*를 찾았다

배고픈 사람들은
보리 이삭 주으러 보리밭을 헤매었고
배고픈 절에서도 저물도록 보리를 찾았다

배고픈 세상에 보리는 양식이었다

*불교에서 깨달음의 지혜

청계산을 넘어가는 반달은

유태승

어둑어둑한 늦가을 밤
청계산을 넘어가는 반달은
무심코
흘러가는 듯하지만
반달은 고사떡을 품에 안고
삼막사로 내려간다.
어머니가
지성을 드리시던
삼막사에 들러 떡을 내려놓고
그리워 눈물 흘리는
내 마음도 떡 옆에 내려놓았다.
산비둘기도 청둥오리도
함께 내려앉아
떡을 먹으며 사랑을 내려놓았다.
그러나
내 눈물은 날개에 품고
반달과 함께 다시 날아오른다.
이것이 인생이다.

그대 앞에서
― 반가사유상

유현숙

밥이라는 신기루 같은 미혹을 두르고
겹겹 인간의 산맥을 떠돌았습니다
떠돌며
멋모르고 맞짱 뜬 이 몸의 생계가
만 장의 물결입니다
졸밥*의 마지막 자존으로 묻습니다

나는 아직 살지 않았습니까
나는 아직 쓰지 않았습니까

* 꿩을 잡도록 하기 위하여 매에게 미리 먹이를 주는 꿩고기 미끼.

앙탈을 부려 보다

유혜련

오늘 새벽 삼종기도는
시 쓰기로 대신한다
코 박고 골똘히 쓰다 보니
종 칠 시각 넘겼다

온몸 태워 쓰는 시
나를 번제물로 바쳤으니
철부지 죄 용서해 주시겠지
이런 기도도 받아 주시겠지
종도 치기 전 미리 시작한 설익은 기도
가슴으로 피운 서툰 언어
어여삐 품어 주시겠지

어린애처럼 앙탈을 부려 본다

하나님사용설명서

유혜영

죽기 전에 회개를 딱 한번만 해도 천국 문이 열리는 지극히 가성비가 높은 하나님, 그런데 이곳엔 없을 것만 같다

냉담교우 방문으로 쪽방 촌에 갔다
반으로 쪼개져버린 반만 살고 반은 죽은 방, 노인이 끓는 가래가 반은 먹어버린 목소리로 이게 사는 꼴이냐고 푸념을 늘어놓는다 반쪽짜리 햇빛도 부신 듯 반만 떠지는 노인의 눈에서 별수 없이 반은 지워지는 나
하나님은 모두에게 공평하지요, 힘내세요
말씀도 아닌 당부도 아닌 나의 말에 나는 순간 놀란다
이거라도 받아주세요
노인이 있는 죄 없는 죄 다 끌어 모은 듯 꼬깃꼬깃 구겨진 지폐 한 장을 꺼낸다 구석에 텅 비어 쭈글쭈글한 배를 움켜쥔 쌀 포대가 꼴깍 침을 삼키는 것 같다 노인을 깔고 앉은 얼음장 같은 방바닥에 아주 잠깐 천국이 번진다 잘못한 거 하나 없는데 자꾸 뱉어지는 회개
아멘 소리가 힘없이 흐르던 쪽방
그날 나는 나의 방문을 끝내 열 수가 없었다

언제나 이쪽인시 서쪽인지 헷갈리게 믿든다 지극히 갑히지 않는 하나님

보이지 않는 손

육근철

누가 썼을까?
내 인생의 각본

왜
그때 그 자리
그 사람과 만났을까?

무대 위
연극배우처럼
밑그림 따라 춤추고 노래하는 나

소리소문없이
나를 조종하는 보이지 않는 손
누구일까?

내 인생의 거대한 전환점

왜
지금 나는 4박자 춤을 추고 있을까?

언제나
갈망하며 애쓰는 나.

서역西域

윤명수

관음죽 분갈이를 위해 화단으로 갔다
흙을 쏟았더니 관음은 없고
주름 가득한 가사를 온몸에 휘감고 있는
지렁이 한 마리가 나왔다
지구의 밑바닥에서 면벽 수행만 하다가
느닷없이 환속 당한 수도승 같았다
아무것도 취할 것이 없는 사바세계에서
맨바닥 중생들의 감정을 체험하면서
어디로 간다고 말은 하지 않았지만
작열하는 뙤약볕을 탁발해 공양해가며
서역*의 길로 가는 것이 분명했다
신라 해초가 왕오천축국으로 가기 위해
타클라마칸 사막을 건너가듯
그 멀고도 험한 천로역정 행여 태양이 먼저
저물까 봐 뒤돌아보지도 않았다
그저 지상에 남길 미완성의 불문을 휘갈기며
오체투지로 꿈틀꿈틀 석양을 밀고 갔다

*극락세계를 뜻함

최보따리의 꿈

尹錫山

1

　최보따리* 오늘도 한 더위 짊어지고 산을 오르신다. 산 오르시는 베등걸이 땀으로 흠뻑 젖어버린다. 더위야 그저 견디면 되지만, 땀이야 그저 흘리면 그만이지만. 스승님 대구 장대將臺에서 아, 아 참수斬首 당하시고, 서릿발같은 지목. 뿔뿔이 흩어진 도유道儒들 지금은 어느 골짜기로 숨어들었는지, 조금도 짐작할 수 없는 막막의 시간. 최보따리 스승님이 남겨주신 보따리 하나, 오직 그 보따리 하나 등에 지시고 산을 오르신다. 후천 오만년 그 장구한 시간 열어갈, 열어갈 무극無極의 보따리.

2

　강원도 충청도 경상도, 태백산맥 소백산맥, 서로들 머리와 머리를 맞대듯 벋어나간 산, 산, 산. 세상의 모든 길들 최보따리 가르치심 같이, 비단 깔리어 훤하게 뚫린 오늘날에도, 하루에 겨우 한두 번 털털이는 시골버스나 간신히 가 닿는 곳. 이곳이 그 분 계시던 곳, 저곳이 그 분 경전經典 간행하시던 곳, 바로 저기 저곳이 설법說法의 그 말씀 펴시던 곳. 태백산맥, 소백산맥 오늘도 최보따리 땀에 절은 등걸 벗어 부치시고는, 스승님 남겨주신 후천 오만년의 장구한 시간 향해 훌훌 풀어놓으신다.

*동학의 2세 교주인 해월 최시형 선생의 별명이다.

宇宙一花

윤순정

우주일화
이 말을 얻기까지
그 누군가 평생을 걸렸다 한다
금강저의 번개가 내리치는 순간
세상의 어미들이 어찌 사람 뿐이겠는가
우리 모든 암컷들은 한 송이 꽃
꽃술에 감춰진 궁전 안에
여물어가는 하나하나의 씨앗
사랑으로 오신 각자覺者
각자가 보주寶珠임을 알았을 때
당연한 진실이 내 것이 되기까지
나 또한 평생 걸렸다
내가 우주를 완성해 가는 길이며
음양이 동거동락하는 거룩한 몸임을 알기까지
거룩한 암컷의 영기로
흑암과 혼돈을 뚫고 궁창이 열리며
홀연 솟아 오른 한 송이 연蓮이여,
무량한 蓮의 바다여,

신전 앞에서

윤정구

열 몇 개인가,
아이는 둥근 기둥을 세고 있었다
무량수전의 배흘림기둥을 떠올리며
나는 에게해의 포도주 빛 노을에 젖었다
더 이상 신탁을 내리지 않고
예언도 닫아건 언덕에
사람들은 왜 무거운 그림자를 끌고 오를까
신화를 잃은 신전은
텅, 빈속을 어떤 치장으로도 감출 수 없다
저녁놀이 서성거리는 신전 앞
―곧 어둠이 몰려올 참이었다

사랑을 떠나보내는 검정칼새

윤향기

이과수폭포에 사는 검정칼새는
노랑구두를 신고 무지개다리를 툭 차며
눈부신 하늘로 솟아오른다

이과수폭포 속으로 검정칼새들이 뛰어든다
굽이굽이 접은 날개를 칼날처럼 푸르게 벼려
쏟아지는 비명 속으로 거침없이 자신을 던진다

내가 그대에게 사랑한다고 했던
말도 저와 같았다

가을 보석사

윤형근

벼 이삭 물들인 황금빛 가을
은행잎은 천년의 전설을 떠올리네
보석사 금불상은 이제
꾀꼬리 날아간 먼 하늘까지
무고한 시선을 날려도 좋으리
구름 하나 품고 떠난 것들
떨구고 간 깃털 하나로
낙엽 위에 안부를 띄워 볼까
실어주렴, 파고드는 삶의 적막도
대지의 가벼운 주름살도

응시

윤 효

파장 무렵 시장통 한 모퉁이 가로등 아래 손수레 받쳐놓고 할아버지 한 분이 성경을 읽고 있었다.

밥집 앞에서 연신 땅바닥을 쪼아대던 비둘기 한 마리가 그 모양을 그윽이 쳐다보고 있었다.

막달라 마리아의 기도

윤호병

천의 얼굴을 가진 여인여!

함께 살던 일곱 귀신 싫증나
일곱 남자를 거느렸던 여자
세상 모진 돌팔매질
맨몸으로 견디고 이겨냈지만

'라뽀니! 선생님이세요?'

부활의 주 예수 외쳐 부르던 목소리
이른 새벽 돌무덤 뒤덮듯 울려 퍼져
비로소 한 줄기 빛이 된 당신이여

하루를 시작하고 하루를 끝맺을 때마다
주님의 '말씀' 읽고 기도한다면
천의 얼굴 못지않은 저의 죄 용서받고

버림받은 세상 영혼들
구원받을 수 있을런지요

이 뭐꼬?

윤홍조

　운문사 가면 제 몸 활짝 만개한 숭어리 넌출넌출 펼쳐든 세수 사백 세인 반송盤松* 본다. 그가 이토록 오랜 경륜 둥글둥글 청동의 나이테 한 그루 아름다운 버팀목 되기까지는 엉뚱한 그의 식성 별난 식습관도 한 몫, 매년 봄 열두 말 막걸리 벌컥벌컥 마시는 나무 사람도 아까워 못 마시는 술을 나무에게는 동이, 동이 아낌없이, 마침내 불콰하니 취한 나무는 겨우내 동안거로 뻣뻣 굳은 몸 수고로운 다공 몸에 약인 듯 술을 받아 뚝뚝, 관절들 노곤히 몸 풀곤 하는지 한겨울에도 굽이굽이 노구를 뒤덮은 푸른 청솔들, 춘 날 찾아든 외로운 길손 한껏 깃털 몸 풍성히 받아주듯이 주저리주저리 아람 벌린 나이를 잊어버린 나무 본다

　　무심코 절문 들어선 내게 이 뭐꼬?
　　숙취의 머리맡 대뜸 화두 하나 던지는
　　늙어 더 꼿꼿한 나무,
　　운문사 뜰에는 세월 앞에 의연한 한 그루 소나무.
　　그 앞에만 서면 누구나 취기 없이도 마음 절로
　　다소곳해지는
　　저 마당의 생불님!

*키가 작고 가지가 옆으로 퍼진 소나무.

고요한 싸움

윤희수

그 오랜, 박물관의
고요가 고요에 갇혀 있다
다큐멘터리 속의, 반가사유상 미간에
고요가 퍼런 날을 세우다
그 오랜, 너의 웃음 스며든 지층의 견고를 건드리는
고요를 툭 던져 내 속 고요가 깨어나다

박물관 속, 너의 고요가
부드럽고 편안하다가도
한 증오에 너의 고요가
깨져 유리 파편, 금가고 터져 아수라장터,
그렇게 너는 또 너의 고요를 뚝, 뚝, 분질러
나의 고요를 베어낸다

불립문자였더니
고요는 날카롭다

그 믿음 때문입니다

윤희자

시 한 줄 쓰지 못하고 읽지 못하고
여름이 다 갔습니다.
나도, 나의 시도, 나의 모든 일상도 함께 가버렸습니다.
남편이 아픕니다. 많이 아픕니다. 나도 아픕니다.
많이 아픈 남편을 덜 아픈 내가 일으키며 살아갑니다.
어제는 주일예배 마치고 먼 길 아들이 다녀갔습니다.
덥수룩한 아빠 수염 면도해주고 스킨도 발라주고 아빠 이마에 뽀뽀해주면서
"아빠, 사랑해요." 한마디 귓속에 심어놓고 갔습니다.
전날엔 또 딸이 왔다가 아빠 아픈 다리 주물러주고
"이젠 그만 가라. 어서 가라." 쫓아내듯 해서야 돌아갔습니다.
잘 자라준 고마운 자식들이 다 돌아가고 나면 횅하니 남겨진
노을진 밥상 위에 미안함과 안쓰러움이 추가되어 오릅니다.

고운 저녁 당신이 보내준 따뜻한 문자처럼
나도 탱자꽃 향기 그리움 듬뿍 담아 소식 한 줄 전하고 싶었지만
지난 여름은 모든 일이 끝끝내 어긋남들뿐이었습니다.
그럼에도 나, 오늘도 마른 입술 달싹거려 찬송할 수 있음은
보는 것이 합하여 선을 이루시는 주님,
그 은혜, 그 소망, 그 믿음 때문입니다.

움직이는 산

이건청

객사에 누워 뒤척이는 새벽,
벌레들이 운다.
벌레들이 푸른 울음판을 두드려
울려내는 청명한 소리들이
쌓이고 쌓이면서
반야봉* 하나를 뒤덮고,
마침내 그 봉우리 하나를 통째로 떠메고
조금씩 떠가는 게 보인다.
새벽이 깊을수록 더 깊어진 울음의 강이
산을 싣고 유유히 흐르는 게 보인다.
아래쪽 산자락을 잘팍잘팍 적시면서
벌레 소리에 떠가는 산,
골짜기의 절간까지, 싸리나무 일주문까지
벌레들이 그 울음소리로 떠메고
남해 바다로 가고 있는 게 보인다.

*지리산 봉우리 중의 하나

시와 종교

이 경

종교의 지하수에 깊이 닿아서 시의 우물이 마르지 않습니다
맨 처음 당신이 쓴 편지는
종려나무 잎사귀에 철필로 새긴 말씀
종교는
정답으로 써 내려온 시입니다

벌레가 살을 다 뜯어 먹고 줄거리만 남은 진언
침묵 위에 침묵의 돌을 포개 전해온 말씀
내가 못 알아들을까 봐 혹 믿지 못할까 봐
등불을 들고 마중하는 당신

종교는 어둠을 깨우는 빛이요 시는 알을 품은 어둠입니다
어린 양의 가죽을 벗겨 칼로 새긴 말씀
살이 아파 살이 아파서 눈알 뽑힌 양 울음소리
시는
오답으로 써나가는 종교입니다

빗자루가 성글어

이경선

며칠 새 눈발에
사찰은 오는 길목부터 하얗게 셌다
낮은 자리로부터
동자승은 언덕을 오르고 있다

빗자루가 성글어
흩이는 눈가루가 많고
하루는 동자승 머리에도 앉았다

불모지에도 눈꽃이 피었다며
웃음을 지어 보였다

다시 언덕을 쓸었다
다른 널브러진 것들을 주워 담으면서
펑펑 부는 눈발을 새하얗게 맞으면서

극락으로 가는 길목인지
동승의 얼굴이 눈부시다

절벽기도

이관묵

해발 775미터

계룡산 삼불봉 암벽 아래 기도 터

촛불에 그을린 절벽에서 읽었습니다

"이 세상 통곡보다 더한 구원은 없습니다"

어떤 고백

이광석

나는 절이 없어도 잘 산다
절보다 더 큰 절간이 있다
요즘 산에 가지 않아도 편하다
산보다 더 높은 '法귀'가
내 곁에 자주 다닌다
나는 죽음이 두렵지 않다
죽음보다 더 고요한 저승이
어머니 손길처럼 가까이
기척하기 때문이다

호수와 하늘

이국화

호수는 하늘을 향해 연 지구의 입
지구가 목 마르면 하늘에서 물을 준다.

호수가 하는 일은 그 하늘 고마워
가슴에 품고 사는 일.

고마워 고마워
하늘에 입술 대고 날마다 입 맞추는 일.

산 사山寺

이규형

처마 밑 풍경風磬 사이로
실 같은 은銀빛
장지문 넘나드는 풀벌레 소리

'마하摩訶반야般若바라밀다波羅密多심경心經
관자재觀自在보살 행심行深반야바라밀다시時'*

소록소록 어둠은 쌓이고.
촛불에 두 손끝
길게 처마를 치는데
어디에선가
황금黃金빛 구름 아스라한 소낙비
발끝 시리는 맑은 조약돌
저 너머 산등성이 끝없이 이어주던
눈, 눈송이, 하얀 눈송이.

하염없이 향香불은 스러져
텅 빈 가슴을 치고.

'아제아제 바라아제
바라승아제 모지 사바하'**

*반야심경(般若心經)의 첫 구절: 고뇌에서 깨달음의 세계로 건너가는 큰 지혜의 경전 관세음보살이 깨달음의 세계로 건너가는 큰 지혜를 깊이 행할 때
**반야심경의 제일 끝 구절(呪文): 가세 가세 저 언덕 넘어가세 모두 함께 넘어가세 깨달음을 성취하게 하소서

종소리

이기호

깊고 오묘한 소리 울려 퍼진다
텅 빈 무심한 자리에서
맑은 깨달음 울려 퍼져 가면
종소리, 그건 종교의 경지

쇳덩이가 불을 만나 물이 되고
소리가 녹아들어
마침내 그 속마저 비우는데

나는 나를 채우려고만 하였다
세상 것으로 가득 채우려고
여기저기 기웃거렸던 시간들

꽉 찬 내 안의 쇳덩이를 녹여서
맑은 사랑 울려 퍼져 가면
종소리, 그건 신앙의 경지

덜어 내어도 덜어 내어도
시나브로 차오르는 세상 욕심을
어찌 비우지 못하는가

물은 물이다

이길원

물이야
어느 그릇에 담아도 물

주전자 대접 양동이
도자기나 사발에 담아도
물은 물이다

종교도 그렇다

그런데 사람들은
제 그릇만 예쁘다고 우긴다

유일한 명제

이노나

햇살이
바람이
꽃이
너의 목소리가

살아 있으라

자꾸 붙잡는다

마애종

이덕원

사뿐사뿐 걷던 회랑의 주춧돌이
이제사 천년의 세월을 열어
보듬고 안양사를 추억하다

예전 절간의 젊은 스님은
부절히 솟는 욕정이 불경스러워
망치와 정으로 미친듯이
이땅에 법음을 전하려 근처
큰 바위에 얕돼 도드라지게
안 그린듯 종을 새기고
금방 종을 친 듯한 나도 새겼지

오늘도 지혜의 울림으로
번뇌는 사라지고
괴로움도 없이 즐거움만 있다는
안양*에 명징한 소리로
저윽하게 퍼지고 있다.

*경기도 안양시를 의미함.

평화

이돈희

부처님 오신 날
천주님도 축하하네

참 평화로다

신부님과 스님이
나란히 함께
오체투지하네

참 평화로다

승속僧俗

이동희

출가하여 만상이 스스로 깰 때까지
죽음을 공부하는 게
승려라며, 雪嶽堂 霧山 大宗師께서는
진공불심을 읊으셨는데

재가하여 마음이 스스로 잘 때까지
목숨을 공부하는 게
시인이라며, 魚樂堂 油然無我 詩客은
묘유시심을 염송하는데

출렁이는 구름

이둘임

노을은 스며들고
바람은 얽매임 없이 지나갑니다

바람에 밀려 나그네처럼 먼 길에서 출렁입니다
출렁이다가 묘지 앞에 서면
눈물이 출렁이며 쏟아져 내립니다
남은 어머니 뼈마디에 스며들어 오래도록 출렁거립니다

출렁이는 일은 흐르는 일
당신 앞에 잠시 멈추는 일도 흐르는 일
밀레의 만종晩鐘 무릎을 꿇는 하루의 아래와 마주합니다

만종을 울리는 밤하늘의 별무리
출렁이는 교회 종소리 따라
다시 두 손으로 흘러갑니다

아득해서 처음입니다

기사문 아쉬람

이 명

내 마음속 검은 그림자 하늘에 올라
먹구름 오락가락하더니
눈이 내린다
하늘이 버리는 거라 하얗다
내려놓고 나니 더없이 가벼운
신의 투명한 이름 창공
불타는 힌두
허공이 방하착하는 저 눈부심

쌍지암의 뒤란이 되어

이명열

푸를 때 푸르고 일렁일 때 일렁이는
그늘 한 평에 풀을 키우고
고라니 토끼들 까치발로 장을 익힐 때
빈 독에 하늘이나 가두고 돌아서는 쌍지암

스님이 자리를 비운사이
쓰다만 시 한 줄 훔쳐보다가 빈항아리의
헛 울음에 화들짝 놀래보는 것

서늘한 이마를 짚어보고 속은 듯
천수경의 아궁이에 불을 지피면
흠씬 생몸살이나 앓아 눕는 것

풍경소리보다 먼 칼질이
만드는 시래기국
그 앞에 넙죽 엎드리고 싶은 것이다

사철 꽃 아닌 날이 없는 쌍지암
아주 짧은 생의 편지를 읽고 싶을 때
울음을 한 잎씩 꺼내 놓으며
잡풀 무성한 절집 뒤란이나 되어

사월 초파일
황새 울음보다 멀리가는 염불이나 받아 적고 싶다

꽃살문

이미산

몇 개의 호스가 식물의 기원을 증명하려는 듯이
뚝뚝 떨어지는 꽃잎들 낭비 없이 저장하려는 듯이
둘러앉아 슬픔이 되어가는

그날의 창문
그날의 얼굴

천둥은 식물의 소관이 아니라고 말해봐
 소나기는 철없는 낭만이라고 이파리라도 흔들어 장난처럼
욕설처럼 무지개라도 펼쳐줘 젖은 손 묻어 둔 우리의 들판으
로 어서 달려봐

 꽃살문 어루만지는 어느 날의 손끝으로 와줘 천둥과 소나
기 지난 후 지그시 눈 감은 그 공간으로 다시

남아 있는 계절 다 건너야 움켜쥔 초록 놓을 수 있다고
모서리 없는 액자 속에 우리의 완성이 기다리고 있다고
늦지 않게 말해줘

예로니모 이야기(A story of Jerome)

이병달

주님! 전 당신을 잘 모릅니다.
모습을, 옷깃을 보았거나 스친 적도 없습니다.
그런데 꿈꾸다 심연에 빠지거나 포도밭 울타리를 넘는
그믐밤엔 당신을 애타게 부르며 성호를 긋습니다.

때론 돌로 가슴 치며 울기도 합니다.
그때마다 빛인지 바람인지, 아니 새소리 혹 장미향,
무슨 말씀이던가, 죽은 가지에 생기를 불어넣어
새 눈을 틔우고 다시 꽃 피게 합니다.

여기, 늙은 사자 한 마리 살생을 꾀해 허업을 쌓다 허물다
날 저물고 그림자 너무 커 가시 박힌 발 절룩이며 제 자리
돌아와 호작질 삼매경에 웃통까지 벗어던진 채
도끼자루 썩는 줄 모르는 요즘입니다.

정말 전 아직 당신을 잘 모릅니다.
다만 눈먼 형제가 손으로 성경을 읽듯
예로니모*도 두 발로 성령을 보며 당신을 경배하는 순례길에
큰아들임을 되레 자랑하며 기꺼이 따라 나서겠습니다.

*필자의 천주교 세례명
*성 예로니모: 에우세비우스 소프로니우스 히에로니무스(라틴어: Eusebius Sophronius Hieronymus, 347년-420년). 또는 예로니모, 제롬(영어: Jerome)은 기독교 성직자이다(영명축일: 9월 30일)

청벚꽃

이병연

개심사 뜰에
속살처럼 피어난

붉은 꽃보다 고운
색을 놓아버린 꽃

맑고 투명한 빛으로
얼룩을 지운다

세상에 퍼지는
연둣빛 자비

온몸이 법문이다

내게로 오시는 분

이보숙

캄캄한 밤 저 멀리서
십자가 하나가 내 방 창문을 바라다 본다
밤하늘에 떠 있는 붉은 십자가
무심히 내 일만 할 때도
나를 지켜보고 있었나 보다
누군가로 하여 슬퍼진 마음이 생각날 때
문득 내게로 오시는 분
밤바다를 성큼성큼 걸어서 오신다
못자국 뭉특한 손으로
내 가슴에 도드라진 상처를 만지신다
깃털처럼 부드러운 손길
무심히 보아 넘기던 십자가
그 곳에서 그리스도가 눈을 비비며 잠 못 드신다.

나절 필름
– 눈 내린 일요일 아침

이복자

눈이 덮였다
하얀 생각들이 눈에 올라앉는다
지붕도 나무도 하얄 뿐, 차다 말하지 않는다
앞 동 1004호쯤에 햇빛이 반짝인다, 행복 배달인가?
나이 든 분이 많이 사는 동, 얼른 문 열었음 좋겠다
자동차 한 대가 엉금엉금 오늘을 밀고 간다
뒤따라 용달차가 무겁게 오늘을 끌고 간다
그래, 눈이 와도 오늘의 방향은 길에서 선명했지
아픈 어깨를 돌려 보니 많이 가벼워졌다
감사의 마음을 눈 위에 올렸더니 눈물이 난다
하얀 생각 위로 선뜻 다가서는 은혜의 빛!
아, 주일이라 주님이 가까이 오셨구나
성경에 손을 얹고 축복, 위안을 고백한다
소박한 생각들 챙겨 오늘 길에 서는 아침
앞으로 걸어야 할 길 미끄러지지 않게 해달라는 소망도
하얀 눈 위에 올려놓는다.

그 환한 정점에서

이복현

어둠 고인 상처에 촛불을 켠다.
존재의 깊은 곳에 심지를 박고
타오르는 시

소진된 어둠의 질량만큼
점점 가벼워지는 영혼의 무게

시가 나를 구원할 순 없지만
난 결코 시를 떠나지 않으리
나를 구원할 종교는 오직 하나지만
종교보다 뜨거운 불꽃으로
가슴 깊은 곳에 피어난 시는
내 어두운 슬픔을 밝힌다.

모든 사랑은
슬픔의 대공 끝에 부푼 꽃봉오리,
눈물을 먹고 자란 환희의 열매

그 환한 정점에서, 번개처럼
시는 빛나리!

거룩한 종교보다 눈부시게,
감전된 생명의 강력한 전율로,

그대 입술엔 웃음만

이 봄

달걀들 흰 사제단, 오토바이 뒷자리에

순수들이 신중하게
서정의 계시처럼

싱싱히 택배된 축복
평온으로 삶은 미사

기도 올린 시어들은 몸 말아 묵주 구슬
몇몇은 콜라 거품
풍경 목어 축인다

휘파람 그대 입술엔
은총으로 웃음만

죽비 소리

이봉하

딱!

바람을 가르는 소리

화두는 어디쯤 오고 있을까

서성이는 문

열까 말까

당신이 나의 종교이어요

이사라

왜 두렵지 않겠어요
처음 가는 길인데요 흔들리는 길인데요

마음이 돌밭인데
무엇이든 믿고 싶었어요

들꽃이 세상 바람에 몸 맡기듯 그렇게요

그런데 세상은 그것만으로는
그저 그렇대요

곧 생의 화면은 깨지죠
나도 아무도 모르게요

그래도 저편의 세상
저 바람 앞에 서면

나는 나를 버리겠어요
당신 안에 내가 있어서요

미타행

이사철

산새가 돌아가는 길은 눈으로 아물었다
아문 눈 밑에 선명히 찍혀있을
자신의 발자국을 되 뇌이며
산비알 오막으로 간다

하얀 집, 그 집

산새가 돌아가는 집은
미타의 집이다 길 끝 어디에
불빛 하나 보인다 우련 멀어도
지워진 눈길 따라 심즉불 도저히 간다

바구미

이상남

의식과 무의식이 엎치락뒤치락하는 꿈결

천장에서는 나무가 자라기 시작했다
가지를 뻗고 그림자를 키우다 달빛에 뒤엉켜 바람을 낳은
숲이 된 천장을 끌어안고도 뒤치락엎치락
연거푸 미간이 찌푸려지자 집요하게 달라붙는 잔상의 바구미들
우글우글 기어 나오니 궁여지책의 염주 알
나무아미타불 관세음보살
첫 번째 염주 알을 넘겨 본다
두 번째, 세 번째, 한 마리 두 마리
이어질수록 우글거리는
수만 마리 바구미들의 허상 이파리 줄기 뿌리 바닥 그리고 넝쿨
도무지 읽을 수 없는 염주 알의 표정까지
백 번째 백팔 번째
한 마리 두 마리 세 마리를 몰아내니 다시 수만 마리 그림자로 너울너울
뿌옇게 밀려오는 저 여명
꿈과 꿈 아닌 것을 세며 넘기는 불면증

나무아미타불 관세음보살

어머니 소지 올리시는 밤

이상면

정월 보름날 밤, 산골짝 작은 집에서
어머니 소지 올리시는 밤,
이역에 아들은 착한 아이입니다.
하얀 종지에 기름불 밝히시고
맑은 물 한 그릇 떠 놓으시고,
소복하신 어머니는 비시어
천지신명께 아들의 운수를 비시어,
달 아래 아들을 위해 복이라도 안으실세라
두 팔을 올리시어, 크게 모아 달 그리시어
두 손 모아 절을 하실 때,
거친 바람에 이역의 벌판을 헤매던 아들은 착한 아이입니다.
어머니 품에 안겨 입맛 다시다
곤히 자던 아이입니다.
날이 샐세라 달밤을 걸어 고향에 가면,
보름달이 서산에 기울을 테고,
시루 안에 하얀 종지엔
노란 기름불이 타고 있을 테고,
소복하신 채 잠드신 어머니 곁에
달빛에 젖어 곤하게 잠들 겁니다.

사라진 등대

이상현

캄캄한 바다 파도 지친 선원들
길 알려주는 등대
토닥토닥 위로 희망 의지 새 방향
포근하게 심어주던 이 세상 난로
하느님 하나님 부처님 제자, 시인들

옮길까 봐 옮을까 봐라며
질병 코비드 비대면 3년 사이
그 믿음 그 자리 완전히 사라졌다
이젠 아무도 믿지 않는 살신성인

불 꺼진 등대 잊힌 등대
사라진 시인, 성직자
앞으론 불 켜고 살아요 우리

심산유목 深山有木

이상호

무슨 종교를 믿으세요?
가끔 질문당할 때마다
없다거나 무교라 답하고는 살짝 슴슴해
곧 머쓱하기도 했는데,

애늙은이 제자가 생뚱맞게 묻는 바람에
얼떨결에 튀어나온 말
자신교!
주워 담느라 짐짓 너스레를 떨었네.

일인 교주이자 신도로만 이뤄진
신도 늘릴 궁리는 안 해도 되는
완전 자급자족 신흥교
나도 나를 온전히는 믿지 못해
그냥 나라도 믿었으면 좋겠었어.

스스로 부엽토 만드는
깊은 산 속 나무처럼

수채화

이선열

습관처럼 기계처럼 사는 인생들
어느날 티브이에서 설날을 선동하는 자본주의 하나
상품사세요 선전 스크린에 가득가득합니다
사람들은 설날을 길 걸어가듯 무심하게 기념하고 나면
그 후 모든 신문 방송 잡지에선
대한민국을 커다란 캠퍼스로 삼고
꽃피고 새 울고 산마다 들마다 온 천지가득
수채화 물감을 진하게 칠합니다
새봄은 여전히 어김없이 한 뼘씩 이마를 내밀고
세상은 연연히 시가 되고 종교가 됩니다
수채화 물감처럼 조심히 펼쳐지는 생각 하나
태어날 때부터 나는 모태신앙으로 살아왔지만
들릴 듯 보일 듯 알 듯 모를 듯한
수채화같은 인생 나의 시 나의 종교
인생 하나가 그림속에서 꽃다발 한아름 들고 있다

낙타에게 미안해

이 섬

새벽 녘, 달빛도 숨어버린 캄캄한 밤이었어
쌍봉낙타의 등에 앉아서
이집트의 시내 산을 오르는 길이었지
나무 한 그루 풀 한 포기 없는 돌산 길,
행여 떨어질세라 손이 저리도록
낙타 등에 달린 2개의 봉우리를 움켜쥐었지
서서히 어둠이 걷히기 시작하는 새벽녘
나는 못 볼 것을 보고야 말았어
지그재그로 이어진 가파른 돌계단을 오를 때,
바르르 떨고 있는 가녀린 낙타의 다리
덕지덕지 군살 돋아 갈라터진 무릎
그렁그렁 눈물가득한 눈망울,
방향을 조종하는 채찍소리
낙타의 등에 앉아 조금 더 편하게 산을 오르려는
무심한 나는,
예수님의 발자취를 찾아가는 순례의 길이었어
생각 할수록 미안한 순례의 길
오랜 세월이 지났지만 지워지지 않는 실루엣
낙타에게 미안하다

시는 나의 기도

이수산

번개처럼 타고르의 기탄잘리 1 시가 내 가슴에 박혀
바다 같은 별천지의 시세계에 풍당 빠져 유영遊泳하며
보석 같은, 꽃 같은 시 쓰고파 기탄잘리 시를 읽고 또 읽었지요
내 손으로 님을 찬양하는 시 쓰고파서요

… 이 가냘픈 갈대 피리를 당신은 언덕과 골짜기 넘어 지니고 다니셨고 이 피리로 영원히 새로운 노래를 부르십니다. 당신 손길의 끝없는 토닥거림에 내 가냘픈 가슴은 한없는 즐거움에 젖고 형언할 수 없는 소리를 발합니다. 당신의 무궁한 선물은 이처럼 작은 내 손으로만 옵니다. 세월은 흐르고 당신은 여전히 채우시고 그러나 여전히 채울 자리는 남아 있습니다.*

노래로 성가대에서 님을 예찬 하였지요 젊은 날엔
이제는 시로써 님께 감사와 찬미 찬송 올리겠습니다
사랑이 바다 같으신 님께서 작은 이 손 안에
기꺼이 사랑으로 원을 채워 주시리라 믿습니다

* 라빈드라나드 타고르의 시 기탄잘리 1 후반부.
  인도시인 동양최초로 노벨문학상수상 1913년.

베드로처럼 말하다

이수영

박태기꽃 붉은 마음으로 흘렀어라

조팝나무 떨기모양 희디 흰 창공,

꽃이 뜨고 달이 뜨고

마음이 뜬 봄밤!

오, 더불어 쑥도 뜯었네

봄날의 아름다운 어지러움

멀리서 온 전화

이숙이

캐나다에서 잠시 다니러 온 큰 애가 아버지 뵈러 가서

"엄마, 아버지가 전화 바꿔 달래요."한다

"이봐요, 그곳은 지낼만해요? 우린 다 잘 있어요. 내가 갈 때까지 기다려요."

전화기 너머 그이가 잠든 무덤 옆 목련나무 잎 지는 소리만 둥글다

목마름에 대하여

이승필

새벽 두 시, 그대의 아주 오래된 책 속
'목마르다'는 한 구절이 사무친다
난시亂視의 내 눈이 수십 번 머물렀을 그 말에 찔려
묵은 연민이 되살아난다
그대의 음성이 뿌린 모래알들이
추상화처럼 노랗게 펼쳐졌다

모습은 보이지 않고 햇빛을 받은 모래가
그림자를 만들어가는 그대라는 길
밥 딜런의 노래와 마그리트의 그림을 감상하듯 은밀히 산책
하고 싶었다

흐린 생각의 렌즈를 몇 차례 갈아 끼우도록
온통 젖은 그대 얼굴의 살 냄새가 비릿해
손을 갖다 대려다 주춤했다

생살을 찢어 옆구리를 열어보이고도
사랑하므로 목숨을 버린 서른셋 청년 예수의 고뇌
우수에 찬 눈빛이 내 몸 안으로 천둥치듯 지나갔다.

이슈트반 성당*에서

이승희

이리도 고요할까

상한 갈대들
장승처럼 서있습니다
아파오는 십자가

죄송합니다
죄송합니다

촛불 켜고 돌아 나서니
달빛 속에
작은 평화가
웃고 있었습니다

*헝가리 부페스트에 있는 대성당

계명

이시경

모두 영이 죽어있었다
광야에 우뚝우뚝 솟은 글자가 있다
세월이 가도 뽑히지 말라고 깊이 박혀있다
누구든 첨삭하지 말라 한 계명이다
산꼭대기는 늘 운해에 가려있었다
먹구름이 종종 몰려와 산을 온통 휘감고는
묵은 글자를 하나씩 지우고 다시 써 내려갔다
하늘에서 숲으로 써 내려가는 하얀 솜사탕 같은 글자를
사람들은 계명처럼 따라다녔다
골짜기까지 걸쳐 있다가
능선을 타고 넘어가는 글자 하나하나에 주목했다
구름의 움직임과 숨소리에 긴장했다
한 글자가 마무리되기도 전에 다른 글자들이 쏟아져 나왔다
글자들이 산허리를 감고 또 감았다
쉴 새 없이 써서 산자락마다 걸쳐놓았다
어둠이 밀려오기까지 거듭되었으나

선지자는 오늘도 보이지 않았다

천은寺 자목련

이애리

막바지 찜통더위가 한창인 말복 날
삼척 내미로 천은사* 경내에
늦은 자목련이 피었다는 꽃기별이 왔다

뙤약볕이 구시렁대며 하품하던 날
도계긴잎느티나무 숲에 머무는가 싶더니
자갈밭 돌부리에 걸리고, 불이교를 건너자
하루살이까지 따라나서며 꽃구경하잔다

쉰음산 정상에 고누판 오십정五十井
더위 식히려 낮달이 멱을 감던 장소일까 궁금한데
자목련꽃들이 몸엣것 쏟아낸 흔적일지도 몰라

찜통더위 한여름에 꽃피운 천은사 자목련
사람의 인력으로 어찌 못하는 하늘의 깊은 뜻
자목련 피었다는 꽃기별에 사람의 발길 출렁이는
천은사 곳곳이 자목련 꽃향기로 와락 한다

*강원도 삼척시 미로면 내미로에 위치하는 사찰.

응답

이애진

사랑하는 딸아
네 고통이 크다 한들
십자가에 못 박힌
내 고통에 비하겠느냐

내가 다 아느니라
믿음으로 견디어 내거라
내가
너를 사랑하느니라

견딜 수 없었던 고통이
기도의 응답이었음을

비운 집
−희견보살상

이양희

사람들은 헌 집을 헐고
새 집을 세웁니다
여기 오대산 맑은 산자락에 잠시 와서도
사람들은 급하게
또 급하게 새 집을 짓습니다

삼월 찬 바람, 싸락눈은 내리고
월정사 석탑 앞에 천 년을
두 팔을 소신공양하며 웃음 짓는
희견보살상*喜見菩薩像

기쁘게, 당신은 집을 비우고
천 년을 비웁니다
그 비운 집 작은 빈터에
오늘은 오대산이 다 내려와
싸락눈 맞으며 쉬고 있습니다

*국보 제48−2호 월정사석조보살좌상. 현재 월정사성보박물관에 보관.

묵묵부답

이영신

별 불만 없이 잘 살아가고 있는 죽청리 흰 염소에게
어느 날 갑자기 하느님이 다가가 등을 툭툭 치시더니
시한부 삼 개월 삶을 남겨 주셨습니다.
그날부터 흰 염소는
집 앞에 면회사절이라 써 붙이고
하필 왜 저입니까.
가슴 쥐어뜯으며 대들다 뒹굴다 발길질까지 했지만
그분은 그냥 바라보기만 하셨습니다.
그렇게 열흘은 분노로
또 열흘은 눈물로 나날을 떠밀어 보내던
죽청리 흰 염소,
하루는 아침 일찍 일어나 마당도 쓸고
널브러진 술병도 다 치우고
깨끗이 옷매무새 다듬고 귀내까지 걸어가
둑에 앉아 하염없이 물을 바라보다
돌아와 아무 일 없었다는 듯이
여전히 풀을 한가롭게 뜯었습니다.

참 보기 좋습니다.

비 오는 밤

이영춘

매일 밤 강 언덕 저편에서
홀로 눈 뜨고 밤길 환히 밝히시던 붉은 십자가,
오늘은 그 하나님도 몸과 마음이 다 귀찮으신지
눈도 뜨지 않고 귀도 열지 않고 감-감-
구름 꽃으로 피어나는 안개만 자욱이 십자가를 싸고 흐르는데
강둑을 걷고 있던 내 발걸음도 덩달아 돌부리에 걸려
캄-캄-
눈 먼 장님처럼 갈지之자로 휘청거리고 있다

산사에서

이오례

소원을 안고 말 못 할 근심 안고
묵언으로 머무는 산사 앞마당엔
사연의 무게 알 수 없는
간절한 가슴들이 있다

소원이 이루어진다는
가파른 마애석불로 가는 길엔
고요 속에 정갈히 매단 염원의 꽃등이
공손히 길을 내려다보며 안내하는데
숨소리도 잠시 쉬었다 간다

눈썹바위 앞에 서면
삶의 껍질 한 겹씩 벗겨지듯
시간의 문은 서서히 열리고
마애불 앞에 지그시 눈 감은 사연들
겸손히 모은 염원의 손 간절하다

근심 있는 중생들은 오늘도
밤이 깨어날 때까지
산사 앞마당을 고요히 서성이리라.

꽃샘바람

이옥진 始園

문득 창 앞에 유혹의 달빛이
사랑의 눈빛으로 방안을 기웃거리고 있어
이 세상 무엇보다 귀한 벗이네
하루 더 가까이 다가온 봄이
차가운 꽃샘바람에 주춤거리는 봄빛
집을 찾아 함께 걸어가던 달빛이 있어
그래도 푸른 잎 촉수는 희망으로
아름다운 봄의 온기를 기대하네
그대는 어디쯤에서 미지의 하루를 위해
하늘을 올려다 보는가
저 멀리서 뜨고 지며 변치않는 눈빛 있어
기쁘게 하루를 마무리하는가
하늘 가까이 멈추지 않는 달빛이 있어
언제나 꽃샘바람이 불어오는 강가에서
갈대는 흔들리며 그 땅을 지키고 있네

둥그런 세상

이용주

하늘에서 전송된 눈
말은 진실을 이야기 하고
툰드라에서 날아온 언어들로
작은 방 틈새, 나무마다
희디흰 기호들로 채색된다

참새들의 소리에
사각사각
첫눈은 내려
아이들은 아우성으로 마당에 발자국을 찍는다

나는
어둠의 뒤편에서
새벽을 인화하며
소리가 삭제된 메일함을 쓸어 담는다

적요에 눈을 뜨다

이위발

그대 안에서 몸을 열었던 단청 위로 다시 안개가 내립니다. 일상의 조각들을 그대로 묻어 둔 채, 아득히 멀어져 가는 풍경의 울림이 꼬리를 물고 새벽하늘과 맞닿을 때, 그대의 눈에선 하늘로 향하는 산 너울이 꿈틀거립니다. 닿아 있는 그 자리에서 수평선은 적막으로 굳어가겠지만, 익사한 혼돈은 희뿌연 가루를 둘러쓴 서리처럼 상처를 덮어준 채, 가시나무에 손발이 베여도 도마뱀처럼 사지를 뒤틀며 적멸의 탑 위로 올라갑니다. 이 시간 바람이 그대를 스쳐 지나가도 시선만은 적요에 눈을 뜹니다.

꽃멀미

이유정

조계사 마당 한가득
국화꽃들의 향연이 눈부시다

사람들이 국화 목에
묵주 하나씩 걸어 놓는 것은
꽃잎 열릴 때마다
염원을 꽃피우고 싶어서일 거다

대웅전 목탁 소리가 하늘로 솟구친다
축원 담은 무량한 이름들이
국화꽃처럼 피어 날아오른다

부처 귀를 열고자
간절함을 넘어
화판花瓣에 대고 문지르고 있는 이름들,
국화 문양으로 산란하더니
허공에 둥둥 떠다닌다
꽃멀미에 시달리는 하늘이 노랗다

저녁 기도

이유환

오늘도 땅끝에서
새사람을 입기 위하여
내 속의 나를 등지고
풀 한 포기 보이지 않는
길을 걸어갑니다
내 뜻대로 하지 말고
주의 뜻대로 하게 하소서
키 작은 나무들의 화평을 위하여
나 스스로 죽게 하소서
주 안에서 사랑의 끈
붙들고, 걸어가게 하소서
골짜기에 어둠이 깊어 갑니다
내일도 새날을 열어 주소서
당신의 얼굴을 구합니다
낮아지고 낮아져서
빛 가운데로 나아가게 하소서

우리 한울님

이은봉

한여름인데도 꽃들 피어난다
이 들끓는 무더위 속에서
저 꽃들 피워내는 자 누구인가

흙이다 나와 더불어 저 꽃들도
흙의 자식들이다 흙을
어머니로 모시고 산다

흙은 그 많은 자식 중
어느 것 하나 소홀히 하지 않는다
잡풀들까지 부지런히 키워낸다.

흙은 어머니다 우리 한울님이다
때맞춰 싹을 틔우고
꽃을 피워낸다 열매를 키워낸다

어떤 자식이 이런 한울님……,
고마워하지 않으랴
정성껏 받들어 모시지 않으랴.

지상에서 부는 바람

이은수

시소 프로젝트가 시작되었다
내가 조금 내려가면 누군가를 바닥에서 띄울 수 있는 시소

지구의 기우뚱거리는 궤도는
끝없이 내려가려는 중력을 이기라고 말한다

단단한 공허는 무정한 눈빛에서 일어나고
지독한 무관심에 절망의 둥지를 튼다

종종 어릴 적 할머니 심부름을 간 적 있는데
뒷집의 툇마루에 뭔가를 살짝 두고 왔다

끼니 걱정하는 이웃에 티 나지 않게
얼기설기 안전망을 그려주었던,

문이 없는 세상에 푹푹 빠지더라도
우리를 살리시고 높여주셨던 그처럼

비로소 오금을 살짝 구부렸다 펴는 사랑은
오목한 상처에 살 만한 바람을 불게 한다

대정성지*에서

이인복

여인은 울고 있었다
태풍에 찢긴
어린 가지와 톳나무 안고
안으로 안으로
모슬포 앞 바다
내내 붉었다

수난하고 부활한 그리스도
두 무릎 하얗게 벗겼다

*남제주군 대정읍에 있는 정난주(마리아)의 묘

부활

이인평

기도 중에
눈썹이 바닥에 닿았다

하늘 아래
단 한 번뿐일지도 모르는
절대적 순간이다

목숨은 언제나 하늘에 닿아 있어
매 순간
삶과 죽음의 경계에서
숨결을 섬긴다

나도 내가 아니고
목숨도 목숨이 아니라는 소리에
사흘 만에 기쁨이 깨인다

눈 귀가 열려
죽는다 해도 여한이 없다

天文

이재무

신께서 키보드를 두드리신다.
햇살과 비를 두드리고
구름과 바람을 두드리고
별과 달의 엔터키를 누른다.
봄과 가을은
신이 집필에 열중하는 달
신의 손이 자판을 두드릴 때마다
산야의 페이지에 피어나는,
아무리 읽어도 물리지 않는
하양 파랑 분홍 빨강 시문들.

망월望月

이 정

무심히 열어본 창문 위로 잊고 있던 님이
훤히!
하늘 가운데
조금도 위태롭지 않게
그대로!

친구 간 곳 모르고
부랴부랴 어버이 먼 세상 떠나도
당신은 둥싯 그 자리에 떠오르길 잊지 않으십니다

주소도 모를
거기!

오래 오래 환한 빛 뿌려 주시는
神이 계시어

서은抒恩
−은혜, 글로 풀어내다

이정남

유년시절 나의 꿈은 아시시 성프란치스코의 '평화의 기도'처럼
나의 글을 읽는 모든 이에게 사랑과 기쁨과 희망을 전해주는 것

죽어가던 목숨, '당신 도구로 써 주십사'는 간구를 들으시고 숙명처럼
하느님께 받은 은혜(恩), 글로 풀어내(抒)라는 소명召命에 맞갖는 달란트와
서은抒恩이란 아호雅號까지 지어주신 당신.

거짓 함성에 진실이 외면당하는 삶의 전쟁터에서
모난 돌처럼 여기저기 부딪혀 상처 주고 상처 입으며
둥글게 둥글게 깎아내는 고된 작업은
오늘도 치열하게 목숨 걸고 싸우는 모든 이에게 전하는 희망의 메시지

시詩는
세상살이 지치고 힘들어 모든 것을 포기하고 싶을 때
살기 위하여 내지르는 비명, 절규, 삶의 넋두리, 부끄러운 고백에 응답하는
내 영혼의 위로자, 내 삶을 지탱해 준 버팀목,

오늘도 나는 당신께 받은 그지없는 사랑, 넘치는 은혜,
세상 끝까지 전파하는 신앙의 파수꾼.

사마리아 여인아*

이정님

자리에서 문득
어린 날이고 싶어지면
어머님 젖 냄새
부엉이로 울고 싶다
먼 세월 갈대밭에다
반달 띄어 놓고

코끝에 묻어오는
아카시아 향 내음
고도를 기다리는
멍한 눈동자와 고목나무와
친구야! 친구야!
왜 이리 부끄럽니

우물가 여인으로
부끄럽던 그날에도
하늘이 저리 고왔는 걸
나 어쩌란 말이야
異邦은 나의 가슴 속
사마리아 여인아.

*예수께서 사마리아를 지나다가 야곱의 우물가에서 만났던 여인.

언어의 미각

이정자

글을 쓰는 일은
남이 모르는 또 하나의 재미를 갖는 것이라고
노시인은 별빛처럼 말했지만
남이 모르는 또 하나의 재미를 맛보느라
압박으로 다가오던 마감 시간 뒤의 성취감이
나의 종교였는지도 몰라

미지의 세계에 대한 동경도, 생의 신비도
초원의 빛처럼 흩어져 버리고

추억의 공유한 사람들이
지구별 어디에선가 산천의 꽃과 나무
하늘에 별과 나비의 날개짓 같은 파동으로
함께 살아가고 있다는 사실만으로도
세상은 피고 지는 물결의 이랑으로 가득한 책이라서
생성과 소멸, 탄생과 죽음의 순환을
내면에서 우러나오는 맑은 목소리에 기대어
한 시대가 흘러갈 것이라는 걸
언어의 미각을 즐길 것이라는 걸

낚시

이정현

붕어가 물속이 심심하여
바람 한 입 채어 무는데

벙거지 모자 눌러쓴
저놈은 누구인가

방하착放下著!

마애불

이정화(대구)

내 애인은
신라에 꼭꼭 숨고

내가 이 세상 나오는 찰나
그는 입매에 엷은 웃음 띤 채
옷자락 몇 가닥 선으로 남기고
돌 속으로 잠기어

어느 달밤
꿈이런 듯 그가 비칠 때
내 이미 어둠누리에 눈 흐려 보이지 않아

만나지 못하고
나 몇 생을 또 찾아 기다리네

반성

이종숙

십자가 위 예수님께서 울상이시다
아니다 울고 계심이 분명하다
<u>스스</u>로 고난을 선택하시며
너희는 서로 사랑하여라 하셨는데
자고 일어나면 물고 뜯고
교회는 배부른 자들의 성전
배고픈 자가 앉을 곳은 한자리도 없다
사랑을 베풀겠다고 이웃을 끌어안겠다고 기도하는 대신
이것도 주십시오 저것도 주십시오
십자가 위 예수님께서
우리의 배가 터질까 걱정하신다
너무나 뜯겨서 나눠줄 게 없다고 울상이시다
그래도 나는 못 들은 척 못 본 척
또 손을 벌린다
두꺼운 낯짝이 쩍쩍 갈라지는 소리 들린다

시골 교회당

이준관

기도의 벽돌을 한 단 한 단
쌓아올려 지은
오래되고 낡은 벽돌 교회
경건히 두 손을 모은
종탑의 십자가

나팔꽃 같은 성가대가
천상의 주를 찬양하고
양피 가죽의 기도서를 손에 든
늙은 목자

무슨 죄를 지은 것일까
교회 바닥에
무릎을 꿇고 엎드려 흐느끼는 여자

누가 저 여자에게 돌을 던지랴
창틈으로 새어 들어온 햇빛이
여자의 헝클어진 머리에
가만히 손을 얹는다

나의 세상에 거룩한 네가

이지호

물을 달랬더니 꿀물을 주셨다

오래 머문다는 것은 바닷물처럼 짠 눈물이 있다는 것
최고급 호텔의 뷔페 같았지만 먹고 나면 골목 허름한 국수집 잔치국수만도 못한 기분
비밀은 소문이 되어 요란하게 이곳저곳 방문하며 시궁창 냄새를 풍겼지

내 축축한 슬픔을 보았니
나 선택한 거야 힘내서 살 명분이 필요해서

오늘의 슬픔을 입안에 털어 넣고 뻐근한 발걸음을 옮겨
더께 낀 감정이 솟구칠 때마다 찾았어

귀를 자극하지 않는 자연의 소리처럼
오솔길 묵묵히 오를 수 있는 흙길처럼

함축적이고 빛나는 시 같은
거룩한 네가
나의 세상에 발을 담갔다

반계리 은행나무

이진숙

막대기 하나 꽂아놓고
표표히 떠난 땡중이야
천 년의 세월을 알기나 했을까
새벽부터
은행나무를 향해 말없는 경배를 드리던
청년이 자리를 뜬다
아마도 작가지망생일지 모른다
아니면
이 가을의 憂愁를 견디다 못해
이슬비처럼 지고 있는 은행잎의 시간들을
붙잡고 싶은
실패한 인생일는지도 모른다

천년의
찬바람을 견딘 은행나무에게 속삭인다
아무 것도 말하지 말아요
나의 토템이여,
떠나버린 청년의 자리에
울먹이며 떨어지는 고적한 숨소리 가득하다

진관사 그날 빛

이창식

하필 90세 책* 쓰고 95세 절에 온 날
관욕 향촉 밝힌 후 스르르 법해 스님 품에 잠들다니.
하필 절에 여국빈 오던 그날
마음의 정원에서 스르르 진정 부처 몸이 되다니.
하필 등치는 사위 절에서 특강 불발되었던 날
정성공덕 청정도량 스르르 참빛으로 태어나다니.
속세 옷 벗고 법연의 옷을 갈아입은 날
절산 소나무 춤추고 스르르 절물 법음으로 들리다니.
수륙재, 차린 공양물 펼친 장엄물 함께 받다가
스르르 진관사 의불醫佛의 빛이 된 김길태 보살.

*『90세의 꿈』

상사화

이창하

생후 육 개월 만에
웅석사 주지 스님의 가슴으로 다시 태어난 이력,
열여섯 되던 해 칠석날
적멸보궁에서 기도하던 어느 보살을 보고
석 달 열흘간 몸살을 앓다가
겨우 살아난 동자승이
붉은 눈물을 흘린다.

다시, 사나사 4

이채민

능선을 넘나드는 새 떼들이
산사에 흩어져 있는 바람을 시끄럽게 물어 나르는 동안

세상 밖으로 물빗장을 열어준 사마천 계곡에서
세상 밖 길을 모르는 어린 사미니가
말갛게 걸어 나오고 있다

뼛속 깊이 심은 언약을
어린 꽃이 조용히 피우고 있다

서쪽으로 기울어지는 내 한쪽 어깨에
살구꽃이 피려는지
아-, 눈물이 나는 저녁이다

신의 분노

이철경

히말라야 데우랄리 가는 길엔
거대한 바위산이 하늘 높이 솟아 있다
안나푸르나 베이스캠프 향하는
고원의 꽃들은 생태에 적응하며
화려하지 않은 꽃봉오리로 겸손하다
저 거대한 산맥 사이를
걷는 사람들은 종종 망각한다.
자연 앞에 놓인 인간이
얼마나 하찮고 보잘것없는 피조물인지,
때로는 자연 앞에서 잊어버린다
저 들꽃 같은 마음이 아닌
정복하려는 황제의 깃발처럼
자연 앞에 거만한 행차를 한다면
신의 노여움은 필연이다
이 세상에 신은 없는 듯하지만,
가끔 자신들의 존재를 드러내기도 한다

여여부동如如不動

이초우

우연히 굴러온 돌에게도 자리 눅진하게
내어주고
뿌리들 그렇게 간지럽혀도 그냥 잠만 자는,
누가 악취 나는 오물을 버렸다 해도
대꾸 한 번 하지 않은 땅

성난 얼굴로 바라봐도 말이 없는,
내가 실성하게 방실거려도 기뻐하지도 않고
면도칼에 걸려 피를 흘린 내 입술
그 마음 어디 갔는지
미간 한 번 찌푸리지 않는 거울

언제나 걸레, 궂은 일만,
고양이 배설물을 닦아내기도, 온갖 얼룩 지우면서,
누가 게워낸
시큼한 토사물을 닦아내면서도
표정 한 번 일그러진 적 없는 걸레

그물을 씻고 있을 때

이춘원

  헬몬산* 이슬이 흘러 갈릴리 호수에 하늘빛 물결이 출렁입니다 받은 은혜 가두어 두지 않고 아래로 아래로 흘려보내니 호수 가득 생명의 빛 일렁입니다
  오늘은 배가 허전합니다 밤이 새도록 던진 그물 안에는 물고기 한 마리 보이지 않습니다 지친 몸으로 돌아옵니다 돌아오는 호수가 참으로 넓기만 합니다

  오늘은 오늘의 삶을 살았습니다 못 채워진 욕망만큼 가벼운 배가 하룻길을 돌아옵니다 얽혀진 그물을 풀고 출렁이는 바닷물에 고단한 하루를 풀어놓습니다 오늘은 실패했어도 내일을 기다립니다 갈릴리 푸른 물결이 마음을 다독여 줍니다 그물을 사려 둘 때 말씀이 찾아옵니다

  "깊은 데로 나가 그물을 던지라"
  새벽빛에 물고기가 퍼덕입니다.
  세상이 밝아지고
  가슴 기슭에 푸른 너울이 출렁입니다.

*헬몬산(2,814m)은 이스라엘 갈릴리 호수 위쪽에 있는 산

성聖 풍경

이태수

비둘기 몇 마리
청동지붕 위에 내려앉는다
미사 끝난 지 한참 지나서일까
정적 속에 홀로 난분분 지는 벚꽃들,
성전의 창틈 사이로 흘러나오는
무반주 그레고리오 성가,

들릴 듯 말 듯 나지막이
누가 기도하듯이 읊조리는데도
그지없이 성스럽고 신비하게 들린다
날다 다시 낮게 내리는 비둘기,
지는 꽃잎들도 신비스럽고
성스러워 보인다

따스한 봄 햇살을 되쏘고 있는
첨탑 위의 눈부신 십자가,
낮게 두 손을 모으며 우러른다

탑

이해리

이끼도 끼고 군데군데 금 갔다
꼭대기 층 한 귀퉁이는 떨어져 나갔다
떨어져나간 곳을 푸른 하늘이 채우고 있다
도굴과 훼손과 유기의 질곡을
온몸으로 받들고도 꼿꼿이 서 있는 것은
견디는 것이 삶이기 때문이다
오래 견딘 침묵은 좀
깨지기도 해야 아름다웠다
고난의 상흔도 보여야 미더웠다
언제부턴가 온전한 것이 외려
미완이란 생각이 든다
깨진 곳을 문질러 가슴에 갖다 댄다
이루어지는 것 드물어도
무너뜨릴 수 없는 것이 가슴 층층에 쌓여
바람 부는 폐사지에 낡아가고 있다면
당신도 나도 다 탑이다

그로 말할 것 같으면

이향란

그는 내 안에 있다

그는 나와 말을 섞지 않지만
느끼게 한다

그가 어떻게 생겼는지는 아는 바 없다
그는 단지 내 안에서 나로 작용한다

내가 흘리는 웃음이나 눈물과 비슷하다

내가 나를 어쩌지 못할 때
그는 내 목소리로 외치게 한다
놓치기 일쑤인 나를 정면으로 보게 한다

아무에게도 말할 수 없으나 누구에게라도 전하고픈 그는
영혼이라거나 신이라는 말을 싫어한다

그늘로 돋다가 빛으로 사라지는 그는
사람은 아니지만 사람인 나로 산다

고백

이향아

학년 초에 나눠주는 가정 환경조사서에
아버지는 언제나 '유교'라 눌러 적고,
친구를 따라갔던 크리스마스 뾰족지붕 예배당
무지개 같은 유리창, 흔들리는 촛불 아래 라벤더 향기
그 남자가 내게 결혼을 서두를 때
소맷자락을 붙잡고 교회로 갔습니다
하나님, 그러나 용서하여 주십시오
나는 시아버지 제사상 앞에 절을 합니다
다른 신을 섬기지 말라고 하신,
부모를 공경하라고도 하신 당신은 어찌 여기실까
코흘리개 남편을 두고 세상을 떴다는 시아버지
만난 적 없어서 그리운 시아버지에게
엎드려 절하는 나를 용서하여 주실까
그의 아들을 만나 그의 손자를 낳고
당신을 부르던 입으로 시아버지를 불러
제사상에 절하는 나를 용서하여 주실까
괜찮다 염려하지 말라 끄덕여 주실까

바로 지금 여기 나의

이향지

한 사람이 죽었는데 허공은 조금도 줄어들지 않았다. 바람은 바람으로, 흙은 흙으로, 물은 물로, 불은 불로, 소리 없이 모습과 색깔을 바꾸었을 뿐이다.

한 사람이 새로 태어났는데 허공은 조금도 늘어나지 않았다. 누가 누구를 위해 울고, 누가 누구를 위하여 기뻐하겠나. 해 뜨는 봉우리가 달 뜨는 봉우리라는 걸, 어머니 떠난 다음에야 알아본다.

한 송이 동백꽃의 끝은 어딘가. 불 일 듯 이는 통곡 속인가. 한순간에 호흡을 이어받는 침묵 속인가. 바로, 지금, 여기일 뿐인가. 오직 그것뿐인가. 아무리 갈구해도 열매는 남고 꽃은 떨어진다.

아무리 다스려도 번뇌는 남고, 꽃은 다시 피어난다. 내가 아무리 연꽃잎을 비비며 멀리 달아나도, 단번에 사람을 벗지 못하리.

물방울 종달새가

이현명

물방울 종달새가
천상처럼 노래 불러요

상처받은 심장이 탄식하며 한숨지고
절규하며 부딪치는 뼈들이
깊숙이 억눌렸던
여린 마음과 몸속의 어혈을 줄줄이 풀어내요

응어리진 가슴 속
메말랐던 눈을 눈물로 적시며 읊조려요
얼굴도 이름도 모르는 세상 사람들에게
나 홀로의 노래를 들려줘요

어떤 피에타

이현서

마지막 꽃잎을 떨군 어머니를 품에 안은
아들은 차마 그녀를 내려놓지 못했다

빙 둘러 서 있는 무리 가운데서 낮달처럼 창백한 얼굴로
볼에 입을 맞추고 뺨에 얼굴을 묻으며
숨 멎을 듯 조용히 흔들리는 어깨

그녀가 부려 놓은 희미한 숨결이라도 확인하려는 듯
몇 겹의 원죄를 씻고 한 몸이었던 태초로 돌아가려는 듯

캄캄한 미로 속으로 봉인되는 슬픔
천지간에 다른 슬픔은 끼어들 곳이 없었다

어디쯤 천사들이 하늘길을 만들고 있는지
성전의 기둥이 잠시 흔들렸다

뿌연 안갯속으로 낯선 마을이 성큼 다가왔다
한 무리의 사람들 낯선 마을에서 잠시 길을 잃고 있을 때
산딸나무 마른 꽃잎이 하얗게 떨어지고 있었다

고개 숙인 겸손

이홍구

번민속에 합장한 고독한 그 밤
밤새워 울어 지친 피눈물이
님의 옷 소매 이음새에 흠벅 번져 물든다

천둥 번개 벼락질이
하늘도 울고, 땅도 울고, 산천초목도 울었다

폭풍우 먹구름 요란한 춤 사위
뒤풀이 끝자락에 적막강산 잦아든다

움푹 패인 상처의 상흔이
붉은 해 노을 천에 진홍빛 섬광으로 녹아 번진다

[아 목마르다] 외마디 외침 허공에 띄우고
앙상한 십자가에 고개 숙인 겸손.

순교의 계절

이화은

오늘이 그 날인 듯
한꺼번에 꽃이 무너져 내린다

나를 밟고 가라

떨어져 누운 꽃잎 꽃잎 꽃잎

신의 얼굴을 밟아야 하나
살아야 하나

시간의 칼날이 목을 겨눈다

순교와 배교 사이를 왕래하는 동안
벚나무 아래로 또 한봄이 간다

경전을 읽는 선운사 풍경

이희선

절간 뒤편 높은 산정에 졸린 듯 걸린 새벽달

몇백 년 묵언좌선默言坐禪에 든 동백나무 숲

뽀오얀 입김으로 염주알 굴리는 계곡 물

적막을 누르고 하늘 우러른 우듬지에 모과 두어 개

선방 섬돌 위 참선에 든 검은 고무신 한 켤레

지금은 떠날 때라고 널브러진 꽃무릇 거푸집들

내 몸 구석구석 싸하니 스미는 선운사 새벽풍경

경전이네, 경전을 읽네.

독송집 하나

이희정

사찰 이름 써진 독송집 하나가
세간살이 틈새에서 나온다
불 2545년 이라고 써 있고
어머니의 불명, 백연화심이
인쇄되어 써있으니
특별한 날 기념하여
법보시를 하신 것 같다
어머니의 품 더듬듯이 읽어내려 간다
살아생전의 시간들이
애틋하게 내 품을 파고든다

내 눈과 눈물 사이
하늘과 땅 사이 다리가 생긴다면
두터운 일상 내려놓고
간절함의 수사만으로 하루 해를 넘긴다
저물어가고 있는 내 육신에 생기가 돌고
마하반야밀의 음색이 전생처럼
되풀이 된다

시인들의 기도

임덕기

시인들이 내뱉은 말들이 바닥에 널브러져 있다
허투로 던진 가벼운 말은
허공에 날아다니다 부딪혀 생채기를 만든다

장마철 질척해진 습기로 해묵은 상처가 덧나면
마당에 바지랑대를 높게 세워
볕 좋은 날 빨랫줄에 펼쳐놓는다

더께 진 아픔은 하얗게 바래지고
눅눅한 물기는 서서히 말라든다

불빛에 모여드는 하루살이 떼처럼
찰나를 영겁의 시간으로 여기며
허둥지둥 살다 떠나는 이들을 위해
시인들이 기도하게 하소서

웅얼거림으로 표출한 나지막한 기도는
위로가 필요한 이들에게 온기가 되어
책 속에 오래도록 저장된다

시처럼 내리는 눈

임병용

시처럼
눈이 내리고 있다
시인의 여린 가슴
골짜기
마디마디를 휘돌아
뼈만 남은 성자聖者처럼 내리는 눈
퀭한 영혼
불붙는 육신으로
타죽어 가면서 내리는 눈

더 이상 잔해는 없다

열반에든 스님이
다비식 현장을 들러보지 않는 것처럼…,
아, 시처럼 눈이 내리고 있다

불두화

임성구

해年를
지날 때마다
업 한 겹 더
쌓인다

천둥 같은
북소리가
심장을 찢고
하혈하는 밤

촛농이
법당 가득 메워도
열리지 않는
마음 꽃

돌이 된 물고기

임솔내

만어사라 들어 보셨는가
바다가 통째로 올라와 삼천 육백년 치성하는
고 쬐그만 절집
얼마나 명법문이었기에 바다째 홀려 왔을까
혹, 만어사 턱밑 그 장관을 아시는지
승복 입은 물고기들의 계곡
끊임없이 지느러미 흔들며
법문에 달려 넘실거리는 은빛 비늘들
만선의 배를 통째 쏟아 부은 듯
너덜지대 물소리 석경石磬소리 산자락을 울리고
만가지 생生을 이고 지고
제 몸 일으키는 만어석萬魚石
눈물 거두듯 재촉없는 길에 어스름 저녁이 들면
돌 속에 들어 나도 흐르네
오, 만어사
물 없는 바다 말 없는 먹빛 파도여
날마다 찬연한 천공의 무량함이여
만어의 등푸른 예배
내 떠돌던 발길 가 닿을 곳

슬픈 진화 1
―연옥* 에서의 하루

임수경

오늘은
남극 빙하가 녹는 속도로 해가 진단다
당신이 좀 더 머물길 바라며
내 뜨거운 숨을 두 번 더 참았다면
어제보다 오늘이 더 길어졌을까
날개를 내주고 다리를 얻었듯
어떤 직립은 꿈을 버리는 거다
그러니 목인사는 생략한다

*그쪽과 저쪽 사이 어디쯤

기도의 아침

임승천

영혼의 마지막 밤까지 침묵한다

거친 들판을 지나 만나는 기쁨
눈빛 보듬은 그 얼굴이 빛난다

눈 감으면 보이는 바다
흰 옷, 그 환한 미소
감사와 찬양, 내놓은 모든 것이 눈물겹다

더딘 걸음과
부족한 믿음으로 드리는 기도
어두운 밤마다 보이는 빛나는 십자가

오늘도 찬양한다, 소망의 숲길에서
오늘도 달린다, 믿음의 들판을

조용히 다가오는 매일의 평화
영혼을 깨우며 들려오는 말씀의 새벽

경주 남산

임완숙

큰 산이 거기 있었네.
부처님 나라
눈물로 솟아나는 환희 장엄법계 펼쳐진 곳

나 이제야 찾아와
천년의 구름 밟고 서서
부드러운 산자락에 뜨겁게 입맞춤하네.

우수수
노래하는 산 갈피갈피 크고 작은 바위마다
우뚝
새겨진 신라인의 순수 조상님들 간절한
염원 가슴 시린 꿈을 새기네.

불국정토
부처가 부처와 더불어 사는
경주 남산

우리가 가야할 큰 산이 거기 있었네.

불꽃 바라기

임재춘

여름 바닷가
불꽃이 물위에 쏟아졌습니다

폭죽 소리에
어둠속 물새가 희뿌옇게 날아올랐어요
터지는 불꽃은 내 발목을 꼭 잡았습니다

우연한 숙소, 이 바닷가
당신의 모든 것은 내 불꽃

옷을 갖춰입고 정좌한 사람과
비닐을 깐 사람, 돗자리를 깔은 사람

불꽃은 내 발을 적셨습니다
내 엉덩이를 받친 바닥은 가팔랐어요

고개를 쳐들고 위만 바라봤지요
오래 버티어 다리가 아파도
펑펑 터지는 소리에, 소리만 크게 질렀지요
날아간 새들이 돌아오길 기다렸습니다
생의 순간이 팡팡 터지길 믿으면서요

부처님 오신 날
−불기 2567년

임종본

풍경이 고요를 받드는 이 순간
산사의 정적은 부처님을 모시고
걸음 잠시 멈추어 평온에 젖어보면
아름다운 계절 염원으로 가득하다

지혜와 자비의 무한광명 삼지 사방 내리고
성스럽고 거룩한 이날을 맞아
부처님의 섭리 온 누리 섬기시니
갈등과 대립을 지우고 계신다.

부처님의 가르침대로 서로를 존중하며
기쁨과 행복을 나누는 삶
우리 안의 지혜가 꽃처럼 피어나
불기 2567년 부처님 오신 날을 봉축합니다.

솟대

임지현

크나큰 산동네 앞 당산나무와
마음 한 움큼
간짓대 끝에 매달고
빗살 한 소쿠리 하늘 가득 매달까

혼신 다해
천진한 아이 열꽃 가라앉힐
허공 문 열어

몹쓸 병 쫓아낼 열망
아흔아홉 번의 곱절로
널 지켜 줄
영험한 솟대의 날개되어
네 고통 물리치자

양파가 쓰러지다

임태래

키 큰 줄기 동그란 꽃을 피운 숫양파
겉은 멀쩡한데 알은 작고 길쭉한 게
실속 없는 날 닮았네

유월 들어서 날이 더워지자
싱싱하던 양파줄기 퍽퍽 쓰러지기 시작하네
속이 상해 이 몸도 쓰러질 지경이네

쓰러지면 안 되는데 걱정하며 지내던 날
"양파는 푹 쓰러져야 그때부터 알이 실하게 익어가는겨"
이웃 아저씨 던지는 말씀에 깨달았네

꼿꼿이 세우려고만 했던 삶이
스러지는 숭고함보다 아름답지 못하다는 걸

'한 알의 밀이 땅에 떨어져 죽지 아니하면 한 알 그대로 있고 죽으면 많은 열매를 맺는다'라는 복음의 비유가 더욱 생생해진 어느 유월 오후

구인사행

임혜라

　육중한 내 업보 걸머지고 소백산 연화봉을 오른다 산이 산을 베고 누운 고샅길 지나면 고수대교 물길은 하염없는 범종소리를 실어 나른다 소쩍새 서러운 울음 가는 것이 오는 것일 뿐 가고 오는 경계도 없이 내닫는 발걸음이 구름 위에 있다 이마 넓은 문루 지나 법어비 앞에 서면 상월조사 저린 설법이 텅 빈 가슴 채운다 이끼 낀 돌담 돌아가는 삼보당 솔잎이 빗소리 되어 흩날리고 널브러진 죽령 굽이친다 가파른 비탈길에서 승속이 따로 없는 법화경이 은은한 염불에 실려 불심을 푼다

나는 하느님이고 전쟁이고 슬픔이고

임희숙

항아리의 국화꽃 다발이 나른해졌다
살아있는 것과 죽어가는 것의 교묘한 혼재
무리의 허리춤을 거머쥐는 순간
꽃줄기가 고양이 수염처럼 허름해졌다
닳아빠진 심장은 볼품없이 쪼그라들어
죽은 꽃과 시든 잎사귀와 어린 꽃잎이 뒤엉킨 항아리

아 나도 아프다 하느님처럼 아프다
내가 만든 꽃의 상처와
상처마다 새겨진 시간이라는 무늬와
살아서 파닥거리는 잎사귀의 오늘을
조문한다

지금 나는 하느님이고 전쟁이고 슬픔이고
내일은 슬픔이 아니고 전쟁이 아니고 하느님이 아니고

내 이름은 필로멜라*

장수라

10월이 가고 집으로 돌아갈 계절이 오고 있어요
북풍이 불어오면 지붕 밑의 계절은 더욱 쓸쓸합니다
당신이 잘라버린 혀는 단물 가득 퍼진 석양을 핥고 싶어합니다
혀가 절뚝이며 말들이 뿌리 뽑혀 돌아다니는군요
못다 한 말 머나먼 증언을 위해 꽃수를 놓습니다
세상에서 그지없이 부드러운 것이 혀였고
더할 수 없이 강한 것도 입술 속에 말린 당신의 혀입니다
당신이 떠난 흔적은 진홍빛으로 가슴에 새겨져 지워지지 않는군요
산발한 머리채가 서쪽으로 붉게 너울거리며
적절한 문장을 찾지 못하고 있습니다
당신이 가슴을 찢고 발라먹은 내 심장과 같은 빛이지요
날카로운 부리가 쫓는 것은 무엇입니까
어깨에 돋은 날개는 무엇을 위한 칼날인가요
석양빛은 숲으로 숨어들고, 지붕 밑에 둥지를 틀어도
차가운 바람이 하얗게 밀고 옵니다.
당신의 나라로 가기 위해 강에 배를 띄우지 않아도 됩니다
나는 날개를 달았으니 말입니다
스스로 눈을 찌른 자, 어깨에 얹힌 바람에 의지합니다
지구에서의 밤을 뒤로하고 당신을 품고 날아갑니다
황량한 도시를 지나 나를 뚫고 간 길
마른 벌판 끝에서 울음이 짧아진 새를 발견합니다.

*그리스 신화에 등장하는 아테네의 공주.
 도끼를 들고 추격하는 테레우스에 쫓기다가 새로 변함.

숨은 벽

장수현

누가 그대를 숨었다 했나

푸르른 창공의 한 점인 것을
누가 그대를 벽이라 했나
헤매던 눈앞의 문이던 것을

살포시 숨죽여
뭇사람 오고감을 거부하는
절벽 끝 연초록빛 작은 적송

나 홀로 있고 싶어도

누군가 문 활짝 열어
번뇌 중생 망상 속
해탈의 번거러움 벗어나려

누가 그대를 숨었다 했나

사람의 아들·15

장순금

이천 년 전
어느 분이 건네주신 빵으로
오늘
하루
또 살았다

신께서 날 미워하시면 어쩌나

장영님

일어나자마자 부리나케 자연에 가는 거라
기도도 안 하고 어찌 살아야 하느냐고
신께 묻지 않고 토끼풀밭에 가서
토끼 쫓아내고 네 잎 클로버 하나
달라고 징징거리다가 노려보는
자작나무 눈이 무서워 달아나는 거라
유리온실 가서 행복나무에게 행복이 뭐니?
물으니 살구 같은 열매를 툭
던진다 놀랍도록 가볍다
내가 아는 건 이게 다야 행복은
무게가 가볍다는 것
너와 나 핑퐁 게임을 즐겨도
좋을 만큼 날래다는 것
신께서 날 미워하시면
어쩌나 항상 낯꽃 펴고
살라 하셨건만 우중충한
낯꽃으로

그분이 손바닥을 펴실 때*

장옥관

봐라, 부활이다 꽃이 피었다 정말 어디서 오는 걸까요, 신부님 가지 꺾고 둥치 베어 들여다봐도 꽃잎 한 장 없는데 해마다 이 환한 빛은 어디서 오는 걸까요 혹 우리 잠든 동안 '그분'이 다녀가신 건 아닐 테지요 ***"봐라, '나'다"라시며 부활하신 그분이 오셨다*** 그렇다구요? 그런데 '그분'은 왜 항상 보이지 않게 오시는 건가요 왜 굳이 어둠 뒤에 몸 숨기시는 건가요 흔들리는 나뭇잎이 바람을 만들 듯 손바닥의 못자국으로 '그분' 만나야 한다구요? ***그분이 손바닥을 펴실 때 꽃들도 가슴팍을 폈다*** 그런데 신부님, 사람이 혼魂과 백魄으로 나뉘듯 꽃도 육체와 영혼으로 따로 사는 게 아닐까요 아니라면 어찌 생일마다 미역국 챙겨주시는 어머니처럼 해마다 잊지 않고 찾아올까요 ***꽃이 봐 달라고 촛불같이 화안히 피었다*** 신부님이 보시는 그 꽃은, 그 촛불은 하얀보다 더 하얀 목련인가요 보라가 죽음의 빛이라면 하양은 생명의 빛 그래서 당신의 부활절 제의祭衣가 보랏빛에서 흰빛으로 바뀌는 거로군요 ***봐라, 꽃이다 꽃처럼 아름다운 부활이다*** '그분'이 '꽃'이듯 '빛'이 '그분'이겠지요 이 부활 앞에선 이토록 만유가 지극해집니다 그러므로 지금 우리의 일은 오직, 손바닥에 부활하신 '그 꽃' 말끔히 지우는 일

*이정우(알베르또) 신부(1946–2018)의 시, 「부활 2」(『이 들녘에 서서』, 그루, 2014, 117쪽)를 빌려 짜깁기했음.

땅 끝 성당에서

장인무

해변을 돌아
노란 신호등이 있는 산정사거리
어린이 터를 지나
푸른 나무깃발이 나풀거리는
초등학교를 지나
휠체어가 있는 골목 길
마을노인정을 지나
코스모스 하늘거리는 한 길을 지나

사람이 사람을 버리며 살아가는 슬픈 세상

여기 같은 곳에 앉아 같은 곳을 바라보며
내 탓임을 두 손 모아 참회하는 사람들이 있다

여기 너와 네가 아닌 우리가 있음을
네 안에 평화가 내 안에 사랑을 고해하는

맑은 눈동자 조용히 미소 짓는 천사가 있다

잡초행전

장인수

풀은 예초기를 무서워하지 않는다
베어라!
댕강 칼날에 베이고도
죽지 않고 풍성하게 자라리라

어떠한 아픔이 있어도
가라
땅끝까지 소식을 들고 가라

빈터마다 풀씨는 날아가서
몸을 묻으라
척박함을 뚫고 싹을 틔워라

사도행전처럼
잡초행전을 쓰거라

용서

장혜승

그대는
꿇은 무릎 기어이 일으키는 불자동차사이렌
반짝 지나갈 봄날을 농간한 사기꾼

길 없는 가시밭길 맨발로 헤매는 뒤꿈치 향해
갈라진 혀를 들이대는 독사

무지갯빛 색깔 속에 발톱을 숨긴 그리움의 서릿발
너무 멀리 서있는 고향

그대는
죽어가는 영혼 밖에서
열리지 않는 문 두드리며 애절히 우는 가시면류관

사랑이란 올가미 창공 높이 띄워 두고
동장군과 흥정중인 마지막 수인번호

聖地巡禮를 떠나며

전경배

떠나기 전 재단 앞에
백합 꽃 한 송이를 바치고 싶다

좋은 시 쓰게 해 달라고
기도하는 마음
시인으로 사는 은혜에 감사드리고
여생, 불멸의 시 한 편 남기고 싶다고 구원한다

어느 날 성지순례 열차를 타고
눈 쌓인 설국 알프스 마을을 지나며
차창 밖으로 손을 흔드는
행복한 시인이 되고 싶다

종교의 힘으로
시와 함께 오늘을 살고
시를 찾아서 가는 길이 멀고 아득하여도
종교는 나의 시창작의 샘이다.

잃어버린 양

전병석

저녁이 되어
집으로 돌아가는 길
눈을 감고서도 갈 수 있는 길에서
슬쩍 옆길로 빠졌다
혼자서
풀밭에 누워
풀을 생각하지 않고
밤하늘의 별을 보고 싶었다
혼자서
울타리가 없는 들에서
늑대를 두려워하지 않고
우리를 벗어나는 길을 찾고 싶었다
캄캄한 밤이 되어
한 다정한 목소리가 애타게 찾았다
나는 나를 찾아가는 양이었는데
나는 잃어버린 양이었다*
아흔아홉을 근심시킨 양이었다

*누가복음 15장 4절

청매실나무 목불木佛로 서다

전석홍

청매실 나무 한 그루 칠백 년 묵어 있다

선암사 옆구리 외진 뜰에
숱한 비바람 비비 꼬며
구름 계단 재겨오른 몸뚱어리엔
목불 품새 아련히 서려 있다

몸짐 잔뜩 진 등때기에
듬성듬성 피어나는 검버섯 이끼꽃
골짝 깊은 역사의 숨소리 들려온다

나무 가슴 틈새 파고든 허공은
목탁새 한땀 한땀 쪼아대던 원광인가
내 마음 가득 찬 과녁 한가운데
화엄화살로 박혀오는데

눈물이슬 내릴 때면
조용한 매실향기 절간을 환히 꽃피우리라

시는 종교의 통로

전순선

곱게 다문 목차에서 문장의 입술을 열고
내시경 보듯 그 속을 찬찬히 들여다보았다
숨죽인 행간의 바람이 현을 켜니
길가의 작은 꽃들이 우주 속에 설레고
숲 바람소리, 이름 모를 새소리
풀벌레소리, 물소리들이
함께 어우러져
시공간의 운율을 이루고 있으니
밤하늘의 별들도 윙크하며
사계의 시흥이 반짝반짝 차오르고 있다
시류詩流에 편승한 이 평안함
온 인류에게 위로와 치유를 베풀고
솔로몬 왕의 시편을 선물로 받는 것만 같다
기도하는 마음 독백하듯 웅얼대니
닮았다, 닮았다, 꼭 닮았다
시는 나의 고백이며 종교의 통로라고……
詩가 멈추면 神들의 세계는 어떤 표정일까?

검은 강

전순영

여기가 어딜까?
하늘도 땅도 보이질 않네
내가 붙들어야 할 밧줄은 어디에 있는 것일까?
억 만개 세포들이 죄 일어서서 더듬더듬 등불을 찾고 있네
디오게네스는 나무 통속에서 웃으며 놀았는데 나는 철 통 속에 빠져서
울고 있네
내 뜨거운 눈물이 뱅글뱅글 돌아가네
다섯 번의 통 속을 돌아 나오니 스물다섯 번을 돌아라 하네
백 번 천 번을 돌고 돌아서 내가 찾아야 할 밧줄은
어디에 있는 것일까
하늘 아래 혼자
이 까만 강물을 벌컥벌컥 들이마시며 허우적이는 이 손을
붙잡아주실 이 누구인가

바늘 하나도 숨길 수 없는 당신 앞에 나를 쭉 펼쳐놓고

목련 기도

정경미

봄비 다녀간 새벽
목련 부리
일제히 하늘 향해
두 손을 모은다
내 새벽기도가
네 기도에 추월당해
쓸쓸한 가슴
목련 그늘 아래 서서
희미하게 웃는다

그래
삼백육십 여일 중
사나흘
그대의 간절함 앞에
밀리고 싶다

그대 떠난 허공에
목련 기도를 필사한다

나도 네 기도에 감염된다

친정엄마 49재

정경진

박혁거세 후손으로 날마다 착하게 용감하게 살았던
친정엄마 49재 막재 저승길 환승 하루전 다급하게 경진아!
내이름 불렀던 엄마 목소리 설거지하다
놀란 둘째딸 손 귀 눈 아직도 얼얼 생경한데
천년향기 품은 전북 장수 성관사 주지스님 전남 함평 용천사
용진스님과 함께 성관사 무설전 방석위에 불경 펼치고
극락왕생 업장소멸 발원 불경 염불공양 목련꽃, 그때가 좋았다
둘째딸 자작시 낭송공양 미소(민희라) 어머님 마음(동요) 노래
둘째딸 음성공양 아미타불 약사여래불 석가모니 부처님
배경으로 다같이 모여 인증샷 둘째 아들 저만치 서있다
누구에게나 마음속에 있는 어머니 마음 노래공양
특히 좋았다는 성관사 주지스님의 칭찬
이제부터라도 선행 베풀어야 누구나 가는 저승길
좋은곳으로 갈 수 있다는 용천사 주지스님 말씀
움푹 패이고 허물어진 마음에 스며드는 한줄기 환한 빛
할아버지 겉이름과 같은 성관사 큰아버지 무릎 생각나게 하는
순한고양이 멍게맛 가래떡 추억의 기장밥 재지낸음식 끌어 안고
부산 서울 대구로 뿔뿔히 헤어지며 뒤돌아 본 미소짓는
산만디 하늘에 걸쳐앉은 무지개 품안에 이글거리는 붉은해
아뇩다라 삼랴삼보라 타타가타 미소와 눈맞춤하고 있다

모과나무아래서

정미소

중복의 그늘에 들어서
가부좌 틀고 부처의 흉내를 낸다.

바람이 코고는 소리 듣는다.

손바닥에 송충이 한 마리가 와서
시주도 절도 없이 손금부터 읽는다.

운명선을 지우고 삼지창 재물선을 돋을새김중인가,
다가올 콧구멍이 두렵고 눈구멍이 가렵다.

가부좌 튼 엉덩이가 대번 일어나
가짜를 탈탈 턴다.

정수리에 모과 한 덩이 벼락 친다.

주를 묵상함이 좋습니다

정병욱

아무것도 안 하듯
지친 게으름으로
조용히 눈감고 앉아
주를 묵상함이 좋습니다

하늘에 계신 우리 아버지
그 말씀 하나만으로도
가슴 벅찬 눈물

시기와 분노
다툼과 욕망 그리고 교만
모두 내려놓고
포기하지 않는 소망으로
주를 묵상함이 좋습니다

어느 날
아직 남아 있는 숨결 사이로
조용히 손 내밀어 동행하실
주를 생각하며
입가에 잔잔한 미소로
주를 묵상함이 좋습니다

맑고 향기롭게 살기 法頂戱*

정복선

좀 늦었어요 어떡하지요?
붓을 깨끗이 빨아 봐도 먹물이 가시질 않네요
벼루도 깨끗이 씻어 정성스레 먹을 다시 갈아 봐도
붓질이 들쑥날쑥 뜀박질 칩니다
점점이 떨어뜨린 실수와 구김살
새 눈밭에 쓰려 해도
쫓아가 봐도 제자리입니다
화선지 위 저 향기로운 자취,

*길상사 진영각의 법정스님 친필

나의 종교

정성수(丁成秀)

어머니교

구루마 십자가

정성완

동대문시장에서 가장 오래된 낡은 구루마
천주교에서 50년이 넘은 구루마 두 대를 사서
한 대는 박물관에 전시하고
한 대는 분해해서 십자를 만든 것이다

살점은 다 뜯겨져 나가고
바싹 말라 앙상한 뼈만 남았다
그래도 굴러 다녔다
짊어진 짐 얼마나 고되고 무거웠을까
무엇을 위해 곤죽이 되었을까

찢어진 힘줄 속
승천하신 예수그리스도가 보인다

해탈이

정수연

거두는 주인도 없이
오대산 명상마을 안에서 사는 고양이
스님들이 해탈이라 이름 붙여 주고
살생하지 말라며 밥도 주었다

밥 때면 식당 앞으로 먼저 와
사람을 기다리던 고양이
눈길을 주면 다가와 발등에 몸을 부비고
해탈아 하고 열 번 부르면 대답도 열 번
아이들은 엄마가 불러도 떠나지 못한다

사람에게 다가가는 방법을 아직도 못 배운 나
너에게 한 수 배우러
조만간 갈게

넌 전생에 무엇이었길래

사리탑

정 숙

범어 로터리 신호등이 세는 숫자들
흘끔거리며 궁전으로 향한다
봄 햇살 부서지는 정오, 길목에서
귀밑머리 희끗한 부부
어깨와 허리, 무릎의 추임새
온몸 춤사위로 주고받는다
집안에 뭔 경사가 있는 걸까
말뜻을 알아듣지 못하지만
어깨가 나도 모르게 들썩인다
그들의 소리 없는 대화에 흘러내리는
빛은 투명한 벽이 되어
탑이 된다
부부 싸움도 해변을 밀었다 당기다가
하얀 포말처럼 춤을 출 것인가
제 삶을 거침없이 찢으며 그려나가는
恨, 비눗방울 되어 날아오른다
말 때문에 칼날을 가는 내 목을 휘감고
소리는 소리끼리 부딪혀 스스로
죽음이다, 누가 장애인인가

나의 작시몽 作詩夢

정숙자

선택한 길은 늘 외롭고 멀다
시 향해 기도하고 시를 위해 걷는다
하루의 첫 시간과 마지막 시간
자투리 시간도 거기 바친다
시로 인해 천국을 알며 미혹에도 빠진다
영혼을 앓게 하고 자라게 하는
시 안에서 나는 수녀다
세상일 몰라도 그뿐
주어진 만큼 허기지고 빈 만큼 꿈꾼다
시는, 내 신앙이며 궁극이다

탱자나무

정순영

1
말씀의 소리꾼이 탱자나무 북채로
세상의 박拍과 박 사이를 치고 들어가서
북통을 따악 하고 치면
성령이 죄를 물리치고 생명을 구하나니

2
탱자나무 빼족한 가시울타리에는
멧새들이 곱디고운 세마포를 입고 오손도손 소곤거리네
매가 하늘을 쉼 없이 선회하지만
멧새들은 눈 하나 깜빡하지 않고 평온하게 감사기도를 하네

완덕의 계단

정연희

수도원 담장 아래 가파른 돌계단을 오른다

수사님들의 찬송에 앵두 알 붉어져간다
가꾸지 않아도 때가 되면 새콤달콤한 침묵의 맛
미카엘 수사님의 굵은 손마디가 미처 닿기도 전에 미끄러졌다
늦지 않게 제시간에 대어 왔을까
미적거리다 물러터지고 너무 서두르면 단단해지는 그 마음

앵두
입술이 옆으로 벌어졌다 순간 동그랗게 오므라져 닫히는 문
처음 앵두라 호명한 이는 알았을까
묵언 수행하는 입술 닮아 이내 닫힌다는 걸

수선스러운 언어와 모질게 몰아세우는 내 입술
비탈길 오르는 것보다 더 아득하고 높은 침묵
쓰고 떫은 맛을 우려내지 못한 나는
어느 층계쯤 서 있는 걸까

사이프러스야!

정영선

열매와 그늘에 대한 꿈 없이
고딕 첨탑처럼 솟으려고만 하는 건 뭐니

몸을 입고 지구 흙을 밟으러 왔다는데 하나님은
가장 낮은 자세의 사랑을 보이러 왔다는데

오늘 날아가는 칼날을 붙잡는 묘기를 보러 가야 해
놋 방패를 들고서 내게 닥칠 비명을 막아야 해
오래 녹는 박하사탕을 물고
영원회귀 패션시장을 잠시 읽고 싶어

빙하 빛 하늘이 심장을 붉히는 노을로 옮겨갈 때면
공허로 쌓은 바벨 벽돌 한 장이 된 기분
탑에서 벽돌 하나가 빼내진다고 세상은 달라질까

사이프러스 너는 종교행사 같은 꿈에 빠져있고
나는 바벨 벽돌로 전전긍긍하고 있으니
예수, 당신은 이 땅에서 얼마나 외로우실까
베드로마저 부인하던 그 밤처럼

줄장미에게 계절은 없다

정영숙

가을에는 다 진 줄 알았는데 겨울에도
선홍빛 흘릴 피가 심장에 아직 남아 있다니
피투성이 무릎으로 철조망을 기어왔다니

철새들은 절룩이며 어디론가 날아가고 없는데
홀로 제 자리에 못 박혀 있구나
줄장미에게 계절은 없는 것

죽음의 계절에도
성긴 깃털이 비수처럼 찌르는 철조망을 껴안고
혼신의 힘으로 꽃 피운다는 건
온전히 사는 것

온 계절, 피 흘리는 고통을 참으며
누군가의 어깨에 날개를 달고자 하는
너는
신이 이름 지어준 값진 사랑의 표상이라는 것

우보살

정영희

혀로 목탁소리를 낸다는 소를 만났다
안내하는 스님이
우보살님 손님 오셨습니다
인사하십시요
마치 기다리고 있었다는 듯
탕탕 목탁치는 소리로 맞는다
다시 들어보고
또 들어봐도
틀림없는 목탁소리다
그 소리 마음에 담으면
성불하십시요
주지스님 말씀이다
돌을 던져도 삭일 것 같은
소의 순한 눈이 흰 눈처럼 시리다
먼동에 어둠 쫓겨가듯
백천사 맷돌계단 아래로 떠밀린다
우보살 목탁소리 뒤따라온다

교회

정웅규

6월 4일 오전 11시 당신을 축복하는
교회에서 햇빛 메시지를 남긴다.
지하철에서 헛되고 헛되다고
스쳐간
가방을 든 남자는,
그만 지나가세요.
귀에 걸끄러운 목소리를 남겨
덕유산을 향해 떠나는 역에는
전국에서 사람이 모여들고,
골짜기를 따라 가파르게 오르는 케이블카는
치통으로 산행을 설치고,
을숙도로 가는 하구언 도로에서
차선을 가로지르다 전복하고,
당신을 축복하는 교회에서 자동차를 기다린다.

고릴라 인 더 키친

정윤서

    시 보다 더 시 적인 메뉴판을 펼친다 시 처럼 놓여진 냅킨과 나이프
    안티파스토 추파 프리모피아토 리쿠오리 내가 아는 것은 파스타와 리조뜨
    에피타이저를 참깨 드레싱에 빠뜨려 먹을까 은근한 조명에 은근해진 얼굴들

    도산공원 골목 이탈리안 레스토랑 오늘 저녁 이곳엔 나만 혼자다
    조용히 주문하던 그의 모습을 떠올린다 한편의 시 가 되었던 모습
    고기는 가장자리부터 썰어 먹어 그래야 끝까지 따뜻하게 먹을 수 있어
    그를 따라 했었다 와인도 오물오물 고기도 오물오물

    그와 함께했던 연보라 세상은 어디에 있나
    식탁에 홀로 놓인 하우스 와인과 안심 스테이크
    몸 가득 그의 향기를 채우고 싶어 그의 모습을 메뉴판 속에서 다시 듣는다
    반쯤 남은 스테이크는 식어 버린 지 오래

ㅅㅣ여

　밀림을 홀로 걸어가는 글자여 하늘에 도달할 꿈조차 꾸지 못한 단말마여

　ㅅㅣ가 45도 우회전하여 식당을 걸어 나간다

　그와 함께 했던 열대우림에서는 불의 향연이 끝없이 펼쳐지고 있었다

황태

정의홍

쓸개와 내장은 이미 내다버렸다
몸엔 숭숭 바람길을 내놓고
한겨울 넘나드는 칼바람으로
한 생을 얼리고 녹일 적마다
바다 밑 시절 인연들과
부질없던 세상사 모두
함께 얼고 녹는데
말라버린 육신에 한 줌 영혼보다
더 가벼운 뼈만 남으면
여여하게 빈 눈에
긴긴밤 달빛과 고요만을 채워
마침내 그대 부처가 되려는가
황태여

미제레레 노비스*

정채원

부상당한 광대는 무대에서 내려와 절룩절룩 밤의 팔짱을 끼고 걸어간다
짝짝이 발자국에 고이는 짝짝이 달빛

서커스의 소녀는 머리 위로 팔을 번쩍 들어 올리고 기둥에 묶인 마녀처럼 환호 속에 매일매일 처형당하고

창녀들은 불 밝은 창가에 옹기중기 모여 있다 집은 저 좁은 골목 어느 쪽으로 꺾어지나, 해골의 눈구멍처럼 캄캄한 빈집 창문들

식어버린 용암빛 하늘과 분출하는 마그마처럼 붉은 땅 사이, 얼굴이 지워진 남자들은 어디론가 바쁜 척 돌아가고

스테인드글라스 예수는 아침마다 조각조각 찬란하게 부서진다 무릎 꿇은 자들의 머리 위로

살아서 미처 불태우지 못한 수백 점의 '미완성', 화가의 아틀리에에 남아 있다 끔찍한 것은 결코 만족할 줄 모르는 것**

고통은 완성되지 않는다

*Miserere Nobis, '우리를 불쌍히 여기소서'
**루오

실연實演은 길었고 나는 짧았다

정치산

불어온 건 바람인데 감겨온 건 너다. 뒤척인 건 바단데 내가 흔들린다.

하늘이 뒤척일 때 바람이 일고 바다가 뒤척일 때마다 내가 흔들린다.

세 줄짜리 시를 길게 읽고 있는, 와불상 앞에서 긴긴 시를 잠깐 읽는다.

석가산 보문사에서 그림자를 끌고 터벅터벅 걸어오던 해가 나를 읽는다.

하늘이여 지금쯤

정호정

볕이 따사로운 잔디밭인데 아기를 안은 고운 부인이 계셨습니다 그 전경은 처음 성화 속의 어머니와 아기였는데 넋을 잃고 바라보는 새 부인은 더할 수 없는 수심에 차 가셨습니다 아기 등을 쓸어 뵈며 애절하게 무척 애절하게 무언가를 저에게 원하고 계셨습니다 그 뜻은 고요한 시간에 아무렇지도 않게 왔습니다 저에게 퍽 소중한, 아기에게 요긴한 약이라고 느꼈습니다 저는 바로 겸손하였습니다 그런데 막 돋은, 아주 여린 날개였습니다

하늘이여 지금쯤 아기의 날개 키워 주시고 발 굵은 장대비로 내리소서 속마음 한 자락에 숫된 날도 품었거니 깨어나라 깨어나라 어르며 두드리며 줄기차게 내리소서 두엄 뜨는 열기 가득한 내 안, 때 없이 괴어오르는 이 웅덩이에.

아몬드 꽃

조갑조

상자를 꺼내
아몬드꽃 그림에 고이 싸인 묵주를 만지작 거린다
고흐의 화구상 냄새가 들어와 있다

태호의 아들이 태어난 징표로 고흐가 보냈다는
아몬드꽃 그림

오래전 네가 준 상자 속에는
아몬드꽃 그림 포장지가 들어있다
아몬드 꽃이 너를 지나 태호를 넘어,
몇 계절의 봄을 애타게 넘겼다

사랑은 때때로 같은 무늬 때문에 엉키기도 한다

고흐도 너도 오랜 세월의 침묵 속에서
다투어 빛나던 저 발그레한 송이들

분홍이 살아 움직이는 자리에서
오월의 성모는
미사보로 나를 감싸고 있다

고맙소·108

조구자

여보, 신촌 경의선 산책길
나무 칠자화七子花는
고요한 노래 부르고 있었어요
시처럼요

'풍요로운 삶의 영위'라는 의미로
세상의 소란을 비운 어깨를
사랑으로 가만가만 다독이고 있었어요
하늘처럼요

당신 그림자와 더불어
티 없이 바르게 닦은
인생의 노년을 애써서 이끌고 있었어요
종교처럼요

여보, 피할래야 피할 수 없는
생각도 상처도
시간의 잎새로 떨구는 모습은
새로이 새로이 고마워요.

그대, 나의 연인, 샤키아무니에게

조 명

공, 공공, 하지 마세요. 욕조에 비스듬히 누워 당신을 생각합니다. 떠나고 싶었지요? 사라지고 싶었지요? 분홍 음경 납의 속에 죽이고 돌아오고 싶지 않으셨지요? 당신은 몸 안에 애기집이 없는 사람, 보잘것없는 정충들 양수의 바다에서 키워본 일, 없지요? 대웅전 하늘 뒤집도록 뼛골 뒤트는 산통, 모르시지요? 그대 닮은 핏덩이 낳아 젖 물리고 살 부비는 색의 환희! 당신, 정말 알아요? 적멸, 적멸, 하지 마세요. 나는 그냥 살래요. 달빛 끌어당겨 애물단지들 또 만들며, 나는 그냥 살래요. 상을 다 지우라구요? 당신, 꽃 들판을 한번 돌아보세요. 다음 생에도, 그 나비들 내 몸을 통해 얼굴 내밀 겁니다.

야누스

조민호

나는 정수리와 발바닥이 있다
나는 뒷면과 앞면이 있다
나는 약함과 강함이 있다
나는 차가움과 따뜻함이 있다 아니
    없다 있다 없다 있다 없다
나는 변태와 정상이 없다
나는 웅변과 침묵이 없다
나는 허위와 진실이 없다
나는 어두움과 밝음이 없다 아니
    있다 없다 있다 없다 있다
나는 추함과 거룩함이 있다
나는 악마와 성령이 없다
나는 저주의 외침과 축복의 기원이 있다
나는 과거는 없고 찬란한 미래도 없다
나는 겉사람은 흙 속에 있고 속사람은 하늘에 있다

갈릴레이 배 위에서

조병기

요르단강 건너쪽 불어오는 강바람
백발과 성의자락이 생명으로 흩날립니다
양떼를 품어 안으신 그 눈빛이 어지십니다

푸석이는 열사의 땅 센달이 닳고 닳아
낮은데로 임하시어 솟아오른 가나안 샘물
회개와 가난의 말씀 꿈길에도 들려옵니다

갈릴레이 물보라 이마에 소롱소롱
성서의 깊은 숲에 머물다가 떠나는 새들
돌아와 머리 맡에다 촛불 하나 켜두고

신부님 언제 다시 뵈올날이 올까요
모두가 하느님의 뜻 기다리며 헤아립니다
입가에 머금으신 미소 아니 어찌 잊을까요

기도

조부경

비나*으로 빛나도다
시간이 지나가는
미세한 바람 길
엉겨붙어 함께 걸어 가는 길
발끝 손끝에 감겨 감격하여 빛나이다
곤두선 머리카락 끝 하얗게 잇대어
신새벽 공기 줄 세워놓으려
하얀 이슬 백로를 낳은 이 누구인가
삼일 밤 뜬눈으로 지샌 왕
잠자리 눈은 삼만 개
더 멀리 더 깊이 삼라만상 끝 동 트다
그 기다림의 끝 동해
햇빛 눈물 비치도록
두리번거리지 않으려
검은 얼음 문빗장을 걸어놓으신
비나으로 빛나노라

*히브리어 통찰, 명철 뜻

운문호일

조석구

오늘도 하염없이 걷는다
야생화 어우러진 산책길을
하루가 다르게 짙어가는 초록 세상
무거운 집안 걱정 다 잠시 내려놓고
雲門好日 날마다 좋은 날 되게 하라는
운문화상의 법문을 떠올리면
오월의 감미로운 바람이 속삭인다
오월처럼 청춘으로 푸르게 사세요
청자 빛 하늘 빛나는 오월의 태양처럼

시

조성림

시는 나의 종교
거부할 수 없는 나의 종교

풀잎 하나에서부터
밤하늘을 수놓은 수많은
저 별에 이르기까지
나에게는 어느 것 하나
신이 아닌 것이 없다

날마다
목마른 나의 영혼을 씻어내고
나무 그늘에 앉아
또 밤의 죽은 영혼을 생각한다

시는 나의 종교
죽어도 죽을 수 없는 나의 종교

달빛을 신다

조순희

하늘을 걷는 새들 맨발이다
가끔 깨금발 뛰며 산책하다 능선을 넘는 구름,
뉘엿한 석양이면 홀로 천오백년 탑 속에서 걸어나와
밤마다 유난히 발에 쌓인 여독이 붉은 여자

성북리 5층석탑*
태초부터 금강과 탑 사이를 넘나들던 해탈한 바람 하나
백제 여인이 얼비치는 석탑 어깨를 애썼다 애썼다 다독이다
동백 속으로 면벽수행을 떠나고

해가 지자 무아 속에서 탑돌이를 꺼내는 제비꽃,
보랏빛 새벽이 시린 이마를 짚을 때
뜨겁고 홧홧해진 발목 밤바람에 식히던,
석탑 속 그 여인
오늘밤 또 하나의 시간 층을 열고 억겁의 길 떠나려는지
천천히 속눈썹 깨우며 행장을 꾸린다

무명치마처럼 땅을 디딘 석탑 밑
그녀 앞에 가지런히 놓인
희고 얌전한 달빛신발 한 켤레,
은빛이나

* 비인면 성북리 183-1번지, 고려 시대에 세움

나의 시 농장

조승래

시 한 줄 뿌려 놓고 두 손 모았어요
또 한 줄 심어 놓고 씨익 웃었어요
한 줄 둘러보고 놓고 울먹이었고
또 한 줄 둘러보곤 눈물 훔쳐 닦았어요

시 한 줄 더 뿌려 놓고 다시 둘러보았어요
시 한 편 둘러보곤 웃음 참았어요
시 한 편으로도 삶은 이어지고
나의 시 농장에는 믿음이 가득하지요

묵주도 염주도 없이
마음 다스리며 다가갈 수 있는 거기
목마름 적시기 위해 침 삼키며
나의 시는 오늘도 기도해요.

전정 가위 하나 들고
가지치기 많이 하여 뼈만 남아 모를까 봐
무성한 잎 정리 못해 뼈대도 안 보일까 봐
전전긍긍하면서도 이 농사 천직으로 삼아요.

우리는 같은 구원을 꿈꾼다

조영란

너는 묵상을 하고 나는 시를 쓴다
시가 오지 않는 날엔 걷는다 기도가 안 될 때 네가 걷듯이

신은 무엇인가를 시는 무엇인가로 오독해도
우리에겐 아무 문제가 되지 않는다
밤과 낮, 낮과 밤이 섞이듯이

무언가 있다고 믿으며 달린다
너는 일용할 마음의 양식 속으로 나는 문장 속으로

한 말씀만 하소서 제가 곧 나으리이다!

네가 성경에 밑줄을 긋듯이 나는 나를 긋고
신앙 고백 같은 한 줄의 시를 기다린다

꿈의 육화를 위해 잠든 신을 깨우며
불확실한 내일에 확실한 오늘을 건다

우리는 같은 구원을 꿈꾼다

그처럼

조우성

집이 없는 자
어디서나 잠들고

꿈이 없는 자
무엇이나 꿈꾸고

가난한 자
더 가질 게 없나니,

슬퍼할 것도
기뻐할 것도 없는

저마다
적막한 혼자인 자를

이제,
편히 쉬게 하소서—
이제 편히 쉬게 하소서—

사랑의 서

조 율

서, 라고 말하면 그 어떤 것도 무너지지 않는다

곪은 삯 너는 아느냐

그 가까이에 사랑은 없었다

푸른 유리알 벌레들이 기어 나온다

가슴 파란 모자이크들

발바닥 대청마루들

혼불이 지쳐 놓고 간 팽이들이 튀어 올라

사라지고 푸른 별 멈춘 심장을 뱉는

재채기 서걱이는 날개를 떼고

악의 총 무드셀라

엎어진 물웅덩이의 자리에

두멍, 두멍 한줄기 등대가 안경에 숨어

펜대 꽃 검은 잉크에 서려 말없이 멸망할

모든 언어를 버려두고 한 알의 쿵,

돌려 깎아낸 행성에서, 아무도 안 보이는 행성이, 보이는

행성에서 외쳐라! The Lord Jesus Christ

기다리는 아버지

조은설

수수만년
한순간도 잠들지 못하는 바다
간절한 기다림이
흰 포말로 흩어지는 갈릴리 해안
늙은 아버지의 꿈을 쪼아내던 갈매기들,
휘영청 날고 있다

흘수선 바깥쪽으로
바다가 그리운 목선 한 척
파도 소리만 건져 올리던 베드로의 그물이
고물 한 쪽에 쓸쓸히 누워있다

기다림의 끈 동이고
까치놀 피는 먼바다 시리도록 바라보며
하얗게
하얗게
학처럼 늙어가는 하늘 아버지

저 까만 새들은

조재학

내리막길을 걸어 한길에 가까워지면서
귀에 꽂은 이어폰 소리가 잘 들리지 않는다
볼륨을 더 올리다가 귀에서 **빼낸다**

저 까만 새들은 왜 나무의 우듬지에만 앉아있는 걸까 도시를 찾아온 새들이 전깃줄에 앉아있는 것이 다만 습관 때문일까 바퀴들이 달리는 도로에서는 날개 치는 제 소리조차 들을 수 없어 위로 위로 앉는 것일까

생각이 생각을 누르며 지나간다
달리는 바퀴처럼

그런데 왜
비둘기는 땅에 내려앉아 차량의 소음에도 아랑곳하지 않고
고개를 까닥이며 걷는가

당신의 목소리가 들리지 않는 날들이 이어지고 있다

장마가 온다는 예보가 있다

믿음의 유산

조정애

시는 눈물이어라
시는 사랑이어라
시의 끝자리에 나의 종교는
지치고 힘든 만물의 뿌리마다
다시 깨끗하게 태어나지

인류 사랑을 위해
가시로 길을 내는
저 붉은 장미 한 송이로
시는 영원한
구원의 새빛이어라

육신에서 영혼까지
손 닿지 않는 세상 어둠 속으로
꿈을 심고가는 그대
그 위대한 손길은
영원한 기쁨이고 기도며 감사이어라.

밤 기도

조창환

나 먼저 잠 청하며 빈방에 뒤척일 때
아내 홀로 오래도록 밤 기도를 바친다.

새벽 미사 다녀오고 신심 활동하고
봉사 활동하고 성당 청소하고
더 무엇이 부족해서 밤잠 설치느냐 물어도
대꾸 없이 입술만 달싹거린다

화살기도는 화살이 되어 날아갔고
번개 기도는 번개처럼 번쩍였는데
할 말 많이 남은 사람, 천사와 맞서
끝장 볼 때까지 멈추지 않을 태세

그렇거나 말거나 잠 청해 보는데
누구신가, 지그시 내려다보시는 이
내 몰골 내가 아니 낯 붉어져서
고삐에 매인 염소처럼 몸 오그라든다

부활절 꽃그늘

주경림

당신의 아들이 부활했다는 승리의 찬송에
성당 지붕이 들썩이는데

흰 철쭉봉오리 옆에 서 계신 마리아님,
'부활'이라는 무량(無量)한 슬픔이
복받쳐 올라 터지지 않도록
당신은 두 손을 포개어
마음 깃을 여미고 서 계시다

내가 몸부림 쳐봐도 별수 없었던
그 어미의 자리에서
당신은 슬픔이 깊어져 맑아진 표정으로
나를 위로 하신다

그새, 흰 철쭉꽃들이 피어나
꽃그늘이 환하다.

길 떠나는 바람

주봉구

바람의 부피만큼
집을 지으며 간다

늘 같은 길을 가고 오건만
가는 길이 다르듯
오는 길이 다르다

길은 무엇인가
길은 무엇인가

순간
흐트러지는 일백 여덟 개의 꽃송이
눈을 뜨니, 보이지 않는다

천리를 다녀오는 길에
어디로 갔을까

새벽 기도

주원규

주님이시여, 저는 아직 나이 젊사오매
저의 기업으로 돌자갈 밭
거친 땅을 주옵소서

거친 땅 위에 피와 땀을 흘리면서
피와 땀 흘리는 법을 배우고 익히며
푸른 초장을 꿈꾸게 하옵소서
들숨 날숨 숨 쉬는 뭇 생령들과
더불어 뛰고 노래하다 혹 넘어질지라도
피곤치 않게 하옵소서

제가 가는 길을*
누군가의 길이 되게 하옵소서

매일 아침마다 햇덩이 하나씩
밀어 올리시며 펼치시는
아침노을의 아름다움을 믿게 하옵소서, 하나님

*〈성도의 기도〉 중에서

방광*이 비치는 날

주한태

소풍가는 길
새싹을 움틔우는 여명
어머니의 나지막한 숨결 소리가
태생의 종소리로 피어난다

숯가마골 선산에 모셔두고
혼령은 부흥사에 새 둥지를 튼다
오늘은 대보름 달집태우는 날
목월 마을의 액운을 달집에 싣는다

불꽃이 용솟음치며 하늘로 오르자
구름에 가린 윤사월 보름달이
어두운 구름사이로 얼굴을 내민다
어머니는 빨강 버선을 신으신다

동네 사람들은 영문을 모른 채
사물놀이 박수 소리에 혼이 빠진다
뒤돌아보지 않고 달님의 귀를 잡으신다
타다 남은 모닥불 새벽을 깨운다

*달이 구름 사이로 나와 어둠을 밝히는 현상(불교 용어)

피에타의 기도

지시연

순교자 성월은 반복되는 성가를 부르며
앵무새가 되기 싫어
기도의 끈을 쥐고 순례지 책자를 넘기며
감사의 마음 단단히 묶어
순교자를 묵상하며
순교지를 찾는 것이 유일한 행적이다
강요가 없는 시대를 사는 지금
십자가에 매달린 당신 아들의 시신을 내려
품에 안으신 마리아의 비통을 일깨우며
한 인간으로서
가장 뜨거운 신심을 청하며 숨, 쉬기로 했다

오래전 한 아이의 어미였다가
한 사제의 모친으로 살고 있지만
어떤 날은 죄인처럼 숨길 일이 되고
진리에 대한 열망과 작은 희생으로
참된 가치를 이루어 갈 수 있도록
허락된 삶으로 가는 중이다
낮은 자의 기도는 흉내조차 못 내지만
차오르는 기쁨과 감사는 젊은 사제가 있는
먼, 바다를 건너고 있음을 어찌 숨기겠는가?
죽기까지 가슴에 품어 순명 하리라
의로움에 목마른 자 되는 복된 길이여!

은총

지연희

이른 아침부터 줄줄이 모여드는 고장난 육신의 사람들 맞이하
느라
성모병원 로비에 앉아 계신 그분의 따뜻한 손과 자애로운 눈빛을
스쳐 지나지 못한다, 거룩함의 곁에 조아려 고개를 숙이는 병인
봄날 무논 가득 파릇한 모를 심듯 치유의 음성이 가득하다
기적이 샘물처럼 솟아나는 일 묵묵한 그분의 은총이지
죽은 듯 숨을 고루다가 환한 빛살에 서서히 일어서는 풀잎들
장맛비 연이어 쏟아지고, 맑은 하늘에 소낙비 어둠처럼
부서져 내리다가, 방긋 웃는 소녀의 미소가 꽃처럼 곱다
뒤뚱거리는 걸음 앞에, 그분의 기도가 빛을 밝히는 날

한 편의 시어를 밤새워 더듬다가 흥건히 지친 몸을
이끌고 그분께 달려간다

번쩍 눈을 뜨는 일

비석은 비어 있었다
—측천무후*

지영환

비석은 비어 있었다
역사는 이 빈 비석의 주인이 누구인지
우리에게 알려주고 있다

그녀를 궁에 들인 것은 당 태종이었다
그는 형과 아우를 죽이고 황제에 올랐다
유방과 조조의 기량을 한 몸에 품고 사라진 왕조 일으켰다
후궁 재인才人은 태종에게 미媚 이름을 받았다
무미랑武媚娘 태종과 태자를 사로잡았다.
태종이 죽자 감업사感業寺에 출가한다
궁에 들어 온 무미랑은 시녀侍女–재인才人–소의昭儀 신분이 상승한다
무미랑은 자기 딸을 목 졸라 죽였다
왕황후에게 그 죄를 뒤집어씌우고 황후가 되었다
당나라 황태후에서 대주大周 여황제가 되었다
"모든 사찰에 용수나무龍樹 심고 받들라"
당왕조로 복위한 황제는 어머니에게 측천대성황제則天大聖皇帝의 존호를 올렸다
그녀의 유언 "측천대성황후則天大聖皇后라 칭하라"

측천무후則天武后를 기리는 비석
글자가 한 자도 새겨져 있지 않다

*당고종의 계후이자 중국 역사상 최초이자 유일한 여황제

〈지구〉 능금나무

지 인

내가 이 세상에 생겨나기 전에 아버지가
심어 놓으신 능금나무 활활 꽃피던
분홍 불이 꺼지고 빨간 능금이 열렸습니다
그 조그만 능금이 〈지구〉랍니다

비잔틴의 그림에서 당신이 들고 계신
〈지구〉라는 이름의 빨간 능금
뿌리에서 열매로 수액을 빨아올리는 걸 느끼며
나의 가슴은 부풀었습니다
나는 기뻐하며 화내며 슬퍼하며
당신을 사랑하며 빨간 능금의 흰살을
파먹는 〈인간〉이라는 벌레

하루가 천 년 같고 천 년이 하루 같은
오늘, 능금의 핵이 당신의 모습으로 보입니다

당신의 손과 발은 피와 진흙 투성이
고뇌는 늘어가고 빛과 어둠은 짙어만 갑니다
아버지, 아버지, 내 아버지!

더러 땅에 떨어지는 심장이고자

진 란

소란케 하는 거짓 입술을 용서하시라고
엘리야처럼 광야의 로뎀나무 아래로 갑니다
부르짖으면서 나뒹굴던 한때가 있었다
(그게 잠깐이라고 생각했는데)
끝없이 도망하는데도 등에 붙는 것은
멸시와 조롱과 내 고집이었다
열매도 그늘도 없는 로뎀나무
(얼마나 교만하였나)
시궁창 같은 진흙탕으로 도피를 한 것은
내 탓이 아니라고 우겼다
물고기 뱃속에서조차
죽어 마땅하다고 미워했던 일들
(용서는 어디에서 오는가)
열심이던 일들을 외면했느냐고
네가 기도하지 않아서 안 풀리는 거라고
그 수많은 손가락들에서 넘어지지 않았다
(내 안에 계신 이가 붙들어주심이여)

기도

진명희

뾰족한 성당의 탑은
무언無言의 강론*

떨리는 손끝에 맺힌
성수聖水** 방울은
눈물처럼 반짝이는데

하늘을 향한 작은 육신은
십자가의 길 위에서
무릎을 꿇고 만다

스며들 듯 깊이
파고드는 기도,

기도는
늘 하늘에 닿지 못하는 나의 시詩이다

*[가톨릭] 하느님의 말씀을 선포하는 것. 예언직 수행의 의미를 지닌 행위로, 주일이나 축일에 신자들이 함께 거행하는 미사에서 이루어진다.
**여러 가지 종교적인 예식에 쓰기 위하여 주교나 사제 등이 축성한 물

목탁 소리

차영한

속살이라도 지지면
더 가벼움에 짓눌러 질까부냐
코끝은 더 시원해 질까부냐

눈뜬 목어木魚 속을 비워내는
새벽 종소리 타이르는 산울림
제 몸 씻고 헹궈내는 연꽃무늬에
원음圓音 굴리는 이슬방울들끼리
꽃 이파리 껴안는 소리 되받아 내네라

황금 잉어 꼬리지느러미로 물안개 그늘 걷어내는 연못
 저 달그림자의 반환점 저, 저 무량無量 굽이 휘돌아본들 자꾸 숨결 모아 다듬는 소리
 날마다 제 몸 헹궈내는 금강경 5천1백4십9자로
 비원 비감도 일념으로 삭히네라

우주 배꼽 두드리는 둥근 소리
성불하는 해탈, 그대 소리는 과연 오늘일까!

당신은 어디에 계십니까

차옥혜

해가 저뭅니다
당신은 어디에 계십니까
오늘도 종일 기다렸습니다
울며 당신 이름 불러도 보고
발이 닳도록 찾아도 보았습니다
아직도 때가 이르지 않았습니까
언제까지 더 기다려야 합니까
기다리다 기다리다 죽으랍니까
당신은 끝끝내 숨어서 침묵하겠습니까
당신은 발자국 뒤에 발자국입니까
그림자 뒤에 그림자입니까
오늘도 당신 못 보고 몇 사람이 떠났습니다
그래도 나는 당신 믿어 숨 쉬고 눈 뜹니다
당신은 슬픈 삶들이 스스로 뒤집어 쓴 굴레입니까
어둡고 춥고 가난한 마음들이 지피는 모닥불입니까
너무나 먼 곳에 있어 볼 수 없는 별입니까
다시는 기다리지 말자 다짐하면서도
나는 어느덧 등불 들고
어두워지는 길목에 서 있습니다

화답

채 들

석공이
바위를 두드리자

부처님이
연꽃 한 송이를 들고 나오셨다

일생을 공들여 질문한 시간이

석공의 머리에

백발 삐비꽃으로
활짝 피어있다

마라

채재순

여러 갈래로 부대끼며 사는 게
우리네 생이라는 나오미
고향으로 돌아온 순간 마라로 불러달라고
당당하게 말했네
와락, 마라를 느끼는 순간에도
그 뒤에 서 있는 기쁨의 모습을 본 이들이 있었네
어김없이 기쁨 뒤엔 괴로움도 뒤따르지만
결국 기쁜 일이 온다는 걸 믿는 자들이
세상을 바꾸기 마련
대대손손 빛나는 이름으로 남게 된 마라
그 속에 울울창창 희망을 새긴 지도가
숲을 이루었네
들판을 향해 주저하지 않고 걸어갔던
싱싱한 룻의 숨소리, 들리는가
룻을 통해 거둔 추수,
세상은 그것을 기적이라 부르지 않고
겸허하게 사랑이라고 부르고 있지

하동호河東湖 아침

천창우

어둠의 장막 물 위로 걸어와
가만히 내 앞에서 옷을 벗는다
하늘과 땅 부둥켜안은 침묵
숙우에는 밤 열기 식히는
진땀의 몸살이 펄펄 끓고
찻종에는 하늘보다 밝은 여명이
하얗게 펄럭이다 나래를 접는다
흐릿한 대칭을 허공에 못질하고
묵필로 쳐나가는 그림
서서히 번지다 화선지 가득 넘쳐
움켜쥔 두 손에 따숩게 고여든다
선잠깨어 호수에 빠진 하늘
안개던가 비상하는 백로 한 쌍이
식어가는 찻종에 떨구고 간 하루
또 한 번 이 아침
나에게 배달되는 소중한 선물

낙타와 바늘
−영혼의 여행

최관수

낙타가 바늘구멍을 지나려면
지닌 채로 달려 들 순 없겠지
시간의 틈 없이 지나려는 집념과
긴 세월 버티고 서 있을 인내
탈진이 되고 스러져 형태를 잃고
결국 흐느적거리다 진토가 되어
행여 바람결 따라 요행히도
바늘구멍을 꿰어 지날 수 있을까

부자가 지닌 모든 재산을 나누어 주고
굶주림으로 종잇장 같은 생명으로
하나님을 뵐 올곧은 영혼의 뼈로
육체의 고통을 초개처럼 십자가에 걸고
먼지 되어 틈 없이 시간을 꿰매다가
행여 어느 수 천 번의 바람에 실려
천국 문을 사뿐히 넘고 넘어
하늘 시냇가 백성이 되겠지.

네 생각과 내 생각

최금녀

네바다* 사막 한가운데
인디언 보호구역에서
카우보이 모자 삐딱하게 쓰고
가짜 탄띠 허리에 두르고
종일 헛바퀴 돌리는 인디언들

땡볕 아래
잎을 모두 몸 속에 오그려 넣고
종일 불타는 사막을 달리는 나무들

일찍이
예수의 제자가
"태어날 때부터 앞이 보이지 않는
저 사람은 누구의 죄 때문입니까?"

이윽고
말씀하셨다
"그 아버지의 죄도 아들의 죄도 아니다,
네 생각과 내 생각의 다름이며
너의 길과 나의 길의 다름"이니.

*고원과 산지가 많은 주로서 연간 강수량 500mm 이하. 미국에서 가장 건조한 지역.

비아 돌로로사*

최도선

왜 나이어야 되냐구요
형제도 많은데 왜 나 혼자 지고 가라 하시냐구요

아이들 도시락을 싸려고 밥솥을 열었다. 빈 솥이었다
다음 날엔 반찬통에 반찬이 모두 쓰레기통에 버려져 있었다
며칠 뒤 시어머니는 외출 후 들어오지 않으셨다
길 잃고 집도 찾지 못하는 병
형제들 원망 소리, 온 벽에 똥 문질러 놓은 것보다 악취가 더 심했다
내 머리채는 자주 잡혀나갔다

채찍을 맞으며 십자가를 지고 오르던 고통과 영광의 길
시어머니가 지어주는 저 고통은 내게 무슨 영광이 있을까
얌전하고 품위를 중히 여기던 일도 소용없다
병은 시간 앞에서만 멈췄다

시어머니 가신 뒤 치자나무가 시름시름 시들더니
끝내 잎이 다 말라버렸다

어린양의 가시관을 닮은 치자나무가

*십자가의 길, 즉 고통의 길이라는 라틴어

예수를 파는 여자

최동현

손님 뜸한 음식점
쓸쓸한 음식을 주문한 내 앞에
사랑을 전한다며 여자가 어렵지 않게 앉는다
막걸리와 빈대떡이 전부인 내게
사양하는 예수의 사랑을 값싸게 흥정한다.
관심 없는 표정에도 아무렇지 않게
혼자 중얼거리며 끈질기게 예수를 판다
어두워지는 가게 안을 두리번거리며
예수는 잠시도 입가를 떠나지 않는다
가게 구석 어둠 속에서 예수를 부른다
기다렸다는 듯이 여자가 자리에서 일어선다
부른 여자와 남자 사이에 예수가 앉는다
예수는 팔아도 향기는 팔지 말았으면
막걸리 주전자를 대충 털고 일어서는 내게
여자가 가까이 오며 묘한 미소를 짓는다
나는 어둠 속으로 도망치듯 몸을 던진다
가랑비 예수가 내 몸을 적신다
나는 예수를 팔아 본 적이라도 있는가.
예수는 어디에도 없고 어디에도 있었다

물방울 관음
−고려 불화 「물방울 관음」

최동호

대숲 우거진 사이를 헤치고 들어와
싱그러운 바람에 날리는
대나무 잎에 떨어지는
물방울 한 점,

가로지르는 햇살 받아
푸르게 변신하는
물방울 부처
이마에 부서지는 잔잔한 미소가

대숲에 가로막힌 중생의 마음을
담아 눈부시다

속죄

최문자

당신은

내 꿈 속에서

오래오래 비누칠을 하고 있었다

내일 거품에 파묻혀 내가 사라질 줄도 모르고

바깥은

당신의 피가 느린 물처럼 흐르고

닦아져라
닦아져라

당신은
내 흉터를 오래 바라보았다

가짜 뉴스

최복주

창세기 3장 하느님 말씀
-선악과는 따 먹지 마라

뱀이 만든 가짜 뉴스에
이브가 유혹당하고

이브가 만든 가짜 뉴스에
아담이 유혹당하고

여자는 남자를 만나고
우리는 둘러앉아 한솥밥을 먹고

뱀 덕인가
선악과 덕인가

푸른 손을 포개며

최봉희

봄의 꽃묶음으로
연연히 퍼져있는
사월
고운 빛은 감미로운 설렘
쉼 없이 보듬어 주는
그들만의 아련한 사랑

풀빛 물든
들녘에 기대어
두렁길을 걸을 때
푸른 손을 포개며
깊숙이 스며들어
봄꽃들의 등을 다독이면서
좁은 길
담담히 걸어오는
사월의 순례자여!

부드러운 물살같은

최서림

태초의 명령을 수행하여
보도블럭에도 쓰레기더미에서도
부지런히 탄성 내지르며
솟아오르는 저 잡풀들,
저 잡풀들 겨드랑이로
스쳐가는 바람
바람같은 힘,
때때로 비를 몰아다가
먼지를 씻겨주는 그 힘,
끝도 없이 먼지 먹고 사는
때 절은 이 도시에서
스스로의 힘만으론
씻을 수 없는 속내 먼지 닦아주는
부드러운 물살같은 그 힘.

마지막 관문

최성필

나여 반갑소
이곳에서 보니 최고로 반갑소
그렇게 무섭고 두려워 겁먹던
죽음의 관문을 드디어 통과했구려
이젠 끝이오
장하오
축하하오
살아서 고생했소
빨리 가서 망각의 샘물을 마십시다

그리고

잘 가시오

나도 가오

태양신

최수경

팔구구팔도 석 달째 갇혀
나는 지금 무슨 연습을 하는가
산다는 것
까닭 없이 목이 마르고

가혹한
입원 수술 그리고 퇴원
허락되기 전
인내를 활짝 열고
조심스레 페달을 밟아본다
아 나의 탈출구

햇살이 눈부셔 너무 좋은 날
건너 산 바람 가슴을 깨우네
이제 안 아프다고
행복이 기다리고 있었다고
지금 이 순간 움직임이 자유로운
제목 잊은 노래를 흥얼거린다
그대를 믿는다

나의 종교는 세상의 사랑이다

최영희

내가 세상을 살아가는 내 삶의 종교는 사랑이다
나는 오늘도 세상의 모든 사랑에 감사하며 하루를 간다

사랑으로 나를 세상에 오게 한 나의 부모님
여리고 여린 나를 사랑으로 바라봐 주는
하늘이며 땅이며 밤하늘의 별이며 달이며
들이며 산이며 세상에 함께하는 이웃이며
모두가 사랑이다, 감사함이다

나를 보듬은 내 안의
그 모든 사랑은
내가 오늘을 가는
믿음이요 힘이요 종교이다.

내 눈을 뜨게 하시니

최 옥

내 눈을 뜨게 하시니
비로소 세상의 어둠이 보이고
그들의 눈물이 보이고
이끼 무성한 그늘이 보였습니다
당신 앞에서 가릴 수 있는 것
아무것도 없음에도
우리, 가녀린 속눈썹으로
참 많은 걸 숨기고 살았습니다
이 작은 별의 점등인이
당신인 줄을 까맣게 잊고
스스로 불 꺼진 골목길을 헤매었습니다
주님, 이 세상의 어둠들이
연기처럼 빠져나가게 하소서
그 연기 당신 집으로 올라가서
하얗게 하얗게 표백되어
파란 하늘에 흰구름으로 띄우소서
더 많은 사람들의 눈을 뜨게 하셔서
이 세상 밝고 눈부심에
눈 뜰 수 없게 하소서

당목撞木

최정란

모른다 모른다 종의 몸이 고통으로 우는 것
모른다 모른다 이것이 사랑이라는 것
이마로 쇠를 들이박는 나무이니, 이생에 나무의
몸을 받아 이 운명을 받았으니, 종을 때려
종의 옆구리 푸른 녹 슨 연화문을 금빛으로 깨우고,
제 몸을 깨어 종소리를 불러낸다
종을 들이박을 때마다 정수리가 으깨지고
천 갈래 만 갈래 몸이 찢어진다
우는 종의 몸이 천 년 시간을 금빛 종소리로
세상의 하늘과 땅에 두루 울려 퍼질 동안
그는 수천수만 번 들이박고 찢어지고
버려지고 버려지기를 반복하다가 다시 버려져
동안거에 든 수행자의 방구들을 데우거나
밥 짓는 공양주의 손끝에서 한 줌 재로 스러져
향기로운 연기로 굴뚝을 빠져나간다
종소리로 구원받은 어느 중생도 기억하지 않지만
마지막 남은 몸 깨끗한 흰 재가 될 때까지
아궁이 속에서 소신공양하는 등신불이다

꽃의 시선

최정아

꽃의 말을 듣느라 밤늦게 돌아온 적이 있다 꽃은 폭우가 지나간 후 더 다복이 피었다 말을 듣는 동안 꽃은 빗줄기를 안으로 들여놓으며 웃었다 나는 비를 받아들이기 싫어 울거나 웃었지만 대부분 침묵했다 꽃의 눈으로 보는 세상은 보여지는 대로 보는데 나는 세상을 보고 싶은 대로 보았다 되감기로 지나간 시간을 되돌릴 수 없지만 꽃과 같은 곳을 바라보면 비를 함께 마셔도 슬프지 않았다 빗줄기는 불안과 슬픔 주위를 하르르 돌다 가지가 되었다 꽃과 함께 내뱉는 숨소리는 서로의 눈을 가려도 잘 들을 수 있다 사람들이 내 눈을 보면 슬퍼 보인다고 한다 꽃이 시선을 거두기 전에 자꾸 찾아가 향기의 말을 들었다 내 안에 쌓인 학습된 말을 버리고 향기의 말을 따라 하면 낯빛 다른 것들도 함께 어울려 받침이 없는 말을 버리게 된다 적절한 순간에 삶의 한 단면을 잘라내어 꽃을 가꾸고 싶다 내가 보지 못한 동토의 땅에서 발아의 시간을 기다리는 꽃씨가 내 의식의 공간으로 날아올지도 모른다. 사람들은 슬픔을 먼저 보지만 꽃은 행복을 먼저 본다.

날개

최향숙

−품고 다녀요
날 설레게 하며 어여쁘게 나부껴요
일상의 파노라마 오색 무지개
외롭지 않아요.

하늘대는 사랑의 연지 볼, 엄마 치맛자락 잡은 아이의 맑은 눈동자
안고 데리고 눕히고 잠재우고 별이 내리는 밤 내내
−따독따독

신의 가호가
영롱한 시심으로 속삭이는 꿈길에도 함께 하셔요.
생명의 깃발
강물의 옹알이도, 바다의 포말 그 아우성도

걸림 없이 응수하며 구름이 떠, 놀 듯 휘 나래 치며
−날자
날아보자

신의 선물

최혜숙

침묵이여
갈대숲으로 숨어드는 바람의 변주곡이여
강물 위로 떠다니는 노래여
내 생을 떨게 하는 힘이여

침묵이여
하늘 저편에서 머뭇거리는 이미지들의 갈래여
바다를 들썩이게 하는 눈송이들의 춤이여
내 몽상의 근원이여

침묵이여
내 혼을 관통하는 불꽃이여
내 꿈을 기억하는 등불이여
내 혀끝에서 맴도는 신의 선물이여

침묵이여
안에서 타는 빛이여
나를 살게 하는 힘이여
내 영혼의 깊은 잠을 깨워다오

마애석불의 미소
―어머니 49제

최화선

한 줌 어머니 뼈를 묻고, 골굴사 마애석불 보러 간다
골굴사 골짜기가 이리도 깊은 줄 몰랐다
두 갈래로 갈라진 언덕을 한참 오르다 보면
병풍바위에 새겨진 마애석불이 고요히 내려다본다,

눈 아래 펼쳐지는 아늑한 초록의 숲들이
멀리 세상의 소란을 덮고 있어서
이곳은 고요해라
산새소리 독경소리 속에 어머니 미소가 세상을 내려다본다
행여 슬픔으로 자식 마음이 상할까
크고도 원만한 사랑으로 날 에워싸는

어머니 기운이다
아득한 시간 전에 누가 여기에 새겼을까
이 세상 어머니들 미소를 다 모아
돌 속에 담은 이가 있으니,
반가워 우러러보지만
사라진 당신 몸을 못내 한스러워하며
비 그친 마애석불 앞에서
내려갈 돌계단을 낯설게 바라만 본다

나에게 더는

편부경

우는 사람을 보았다
의자를 두고 바닥에 엎드려
소리 없이 온몸을 들썩였다
놀란 아이는 발끝으로 뒤돌아 나와
담에 기대어 잔돌을 자꾸 문질렀다
바라본 하늘에
훔친 눈물 자국이 아직도 선연한 이래
외조모 따뜻한 손에 손 잡혀 따라가
셀 수 없이 절을 하시던 뒷모습을
지켜본 기억의 기억이래
수십여년이 지난 이 즈음
벗이 보내는 종교서의 지문을
영문 모르고 인사치레로
지속적 수신 중인데… 문득

그들이 시가 되고
변함없이 너그러우며
속죄의 터전이므로
더는 가름할 것이 내겐 없음을 깨닫게 되었다

수국사

하두자

북한산 끝자락
수국사에 왔다
이팝나무가 고봉을 올려 하얀 밥상을 차린다

산새들 발가락에 달린 연두의 봄을 쪼고
산머리에 흘러내리는 안개
나는 우두커니 요사채 툇마루에 앉아
행간 사이사이
새의 붉은 부리가 길게 풀고 간 나뭇가지를 읽는다

손금을 타고 꽃들은 환해지고
허공, 어디
내 몸의 골짜기 소용돌이 휘잡는 길이 있을까

연꽃무늬 번지는 대웅전 창살문에서
걸어온 길 출렁일 때
어깨를 어루만지며 내려앉는 소리
바람 따라 하늘길 열어주는 풍경소리

동안거 冬安居

하 린

그는 점점 얇아지고 있다
또 하나의 소실점
얇아지고 작아져서 첩첩산중 안으로 사라지고 있다
미궁을 향해 총 총 총 걸어 들어가는 말줄임표
헐벗은 산짐승들도 잠시 배고픈 울음을 멈추고 묵언수행 흉내를 낼 거다
마침내 거대한 마침표가 되어 면벽이라는 옷을 껴입고
자신이 투명이 될 때까지 얼음 문장을 다듬고 있을 거다
내내 지속적인 극한
비유도 상징도 필요 없는 몸짓으로
이곳에서 저곳으로, 저곳에서 이곳으로 넘나드는 사유들
그런데 이름을 완전히 지운 후에도 채록되는 여운이 있었으니
여운은 시가 되고 시는 질문처럼 살아서
최초이자 최후인 고백이 돼도 좋으리라

가끔 입춘 쪽에서 날아온 새가 석탑 위에 앉아 참선을 하는 때가 있다
깨달음의 본적을 알았다는 듯이
맨몸으로 갔다가 다시 맨몸으로 돌아온다는 듯이

그릇

하순명

언제부턴가 그분의 목소리가 깊어지기 시작했다
산란심이 깊어진 날일수록 불교대학 근본불교 강의를 만나러 맨몸이 되어 길을 나서며 골목길 분꽃들에게도 눈인사를 한다

마음이란 도대체 어떻게 생겼을까 속은 정결한데 겉만 얼룩진 것인가 그 마음 세제로 싹싹 문질러 닦으면 될까 그 마음 바닥까지 비우면 될까 아니다 내용물이 아닌 그릇의 문제다 소에게서는 우유가 나오고 뱀의 속에서는 독이 나온다 하찮은 것이 들어와도 내 안에서 산뜻하고 귀함이 되는 그릇, 마음 맑히기

그동안 내가 삼킨 약만 몇 박스는 될 것이다 그 약들은 내게 와서 무엇이 되었는가

골목을 나오는 데 호롱불 같은 분꽃들 고개를 끄덕거린다.

별들의 신화

하정열

옛날옛적부터 우리들은
변화무쌍한 하늘을 바라보며
하고많은 이야기를 지어냈지

우리의 먼 조상들이 쓴
행복과 불행, 재난과 전쟁의 얘기는
이젠 여엿한 별들의 신화가 되어
우리와 함께 숨을 쉬고 있지

우주의 정체를 어렴풋이 알고 있는
요즈음도 우리는
점성술과 천문학의 경계점에서
믿거나 말거나
사주와 따로를 짚어가며
길흉을 점치며 희망을 북돋우고
별별스런 썰들을 풀어놓고 있지

믿음

하지영

반려견의 눈을 바라보면 수정처럼 맑고 선한 마음이 보인다
불교에서는 현생에 罪業을 지으면 다음 生에 짐승으로 태어나기도 한다는데 아무리 보아도 죄짓고 살다 태어난 눈빛이 아니다

어릴 적 불교 집안에서 자란 나는 우연히 기독교의 원죄와 회개라는 단어를 듣게 된 후, 종교 갈등이 심했던 어느 날 밤 신비한 꿈을 통해 내게 찾아와 주신 하나님을 만났다

살면서 마음속에 품은 미움, 시기, 질투도 모두 죄인데 하루에도 몇 번, 평생이면? 죄 한 점 없이 이승을 떠난 사람은 없다 할 수 있으니 사람으로 다시 태어날 사람이 있나?

사람들은 소나 개, 돼지 닭들의 사체를 요리해 먹고 산다 전생의 사람일 수도 있다고 믿는 輪迴說의 畜生道에 의하면 그들 동물이 우리의 다음 生에 모습이 될 수도 있겠다

타락한 천사 루시퍼가 원죄를 벗어나지 못한 인간들을 비웃으며 하나님과 예수님 성령님 삼위일체를 믿지 못하게 방해할지라도 세상에 모든 동식물을 창조하시고 인간에게 마음 편히 먹을 식량으로 주신 창조주 하나님께 감사하며, 우리가 예수님의 보혈로 구원받을 수 있는 복음에 귀를 열고 듣고 영생을 믿는다면, 신도 아닌 성자를 신으로 믿는 죄를 짓고 영혼 없는 짐승으로 다시 태어나 사람들에게 먹힐지도 모른다는 생각은 안 해도 된다

맑은 허기

하청호

절집에 산그늘 내려온다
저녁답에는 산그늘도
이곳에서 고단한 하루를 뉘려나 보다
공양간엔 밥 냄새 풍기고
시장기를 부르는 공양 알리는 소리
산그늘도 멈칫하다 슬쩍
공양간으로 들어선다
배고픈 산새 몇 마리
산그늘이 얼른 품고 문턱을 넘는다
맑은 허기

나미비아의 사막의 성자

한 경

여기는 낯선 행성

가장 고독한 소리로
울어본 사람만이 들을 수 있는
바람에 엉킨 붉은 오열

바람의 주술에 걸려
등뼈를 서서히 움직이는 사구

500만 년이 덧쌓인 붉은 사막에
오늘도 모래살점 날리며
풍장하는 속울음 소리
휘이잉 휘이잉

홍시빛 사막에
뼈대로 남은 400년 세월
석양에 걸린 성자의 긴 그림자

아카시아 한 그루

눈 내린 아침

한경옥

설핏
치맛자락 스치는 소리
댓가지 풀썩거리는 소리
문풍지 흔들리는 소리

들은 듯한 밤

어머니
살그머니 다녀가셨나 보다.

장독대 위에
백설기 시루 놓여있는 걸 보니

하얀 족속 4
−천주교도의 피와 유림의 피

한경용

제주도의 난亂은 유림촌의 관행이다
할머니는 죽고 나서 천주교를 믿었다
묘비에는 박 카타리나라고 쓰여있다
천주교 신자인 샛아버지*
4.3 후 떠난 지 4반세기 넘어 일본에서 돌아왔다
작은아버지도 천주교라 그렇게 비석을 세웠다
천주교도의 피와 유림의 피가 내 몸에서 일어나 싸운다
성령이 가까이 있다고
영혼에 고귀함과 자유를 주었다고
천주는 왜 돕지 못했나
그렇지 마리아의 복음서가 아니다
부처의 자비와 천주의 영령을 위해
할머니가 믿는 건, 당의 심방이다
조상 제사와 벌초, 유림의 포제만을 기다리니
나는 영원한 하얀 족속에 속한다

*제주어로 아들3형제이상 중에서 둘째 큰아버지

용연사 열화당

한명희

어떤 사랑을 했기에
한 사람은 비구가
한 사람은 수녀가 되었을까?

어떤 이별을 했기에
절에서도
성당 소식을 듣는 것일까?

선방 댓돌 위
잘 놓인 신발 한 켤레

강아지가 가만히
지키고 있다

기도처럼 짙은

한분순

바람의 젊은 애인, 노을꽃 훔치려다

십자가 긴 두 팔 끝
포옹을 바라는 밤

별들은 회개의 말씀
기도처럼 짙은 달

흰 허공 무질서에 축제로 돋는 군림

정화된 맹수 닮아 번민을 다스리는

십자가,
팔힘줄 굳센, 묵상의 계관 시인

감람산 겟세마네 동산에서

한상완

감람산 자락의 겟세마네 동산에서
피눈물 흘리며 엎드려 기도했던 우리 주님

이 천년이 지난 오늘 여기서 저희도 꿇어 엎드려
주님을 위해 기도합니다 눈물로 기도합니다

사랑과 평화를 갈구하는 지구별 수많은
주의 어린양들 위해 뜨거운 가슴으로 주께 기도합니다

이 혼탁한 세계 야만과 살생이 횡행하는 세상
주 예수 조건 없는 용서와 사랑으로 서로 감싸안아 이해하는
화평 깃들기를 한 알의 밀알 되기를
이 세상에 진정한 평화 오기를 엎드려 간구합니다
오, 우리 주 예수님

청하여 바라건대

한성근

   턱을 괴고 앉아 있는 시간이 길어질수록 어리석은 욕심은 이 풍진 세상에서 무궁무진한 시어들을 거느리고 한 시절 보란 듯이 떵떵거리며 살게 될 줄 알았습니다 날을 더하여 머릿속은 하얘지고 시어들은 흩어져 황폐해진 벌판에 홀로 남겨진 듯이 한두 마디 글자만 덩그러니 나뒹굴고 있습니다 애당초에 시에 대한 저의 사랑이 쉽지는 않으리라 몇 번을 다짐하여 한 가닥의 희망을 걸었지만 이제 와서 모른 척하신다면 지나가던 사람들도 저를 너무 가엾게 여길 것만 같아 조바심이 납니다 달뜬 마음에 눈감고 입맞춤하던 첫사랑처럼 이제저제 이내 마음 너무 깊게 기울어 떠나려 해도 그대 곁을 떠날 수 없는 마지막 끝사랑이 되고 말았습니다 죽을 만큼 사모의 정이 가득하기 때문입니다 우리가 손을 맞잡고 마음 합하면 웃음 속에 걸쭉한 시 한 편 아득한 거리에 남겨질지도 모릅니다 조용히 꿈틀거리는 참을 수 없는 맹세가 불같이 타오르고 있습니다 부디 인내심이 허락하실 때까지 지켜봐 주실 것을 간곡하게 부탁드립니다 당신을 오래 울게 하지는 않겠습니다

그 섬에 갇힌다

한성희

나에게는
하나의 그림자로
여전히 빠져나올 수 없는
섬이 있다

어둠 속 달빛에 숨은 듯
당신이라는 섬
비틀거리는 나를 구해준다고
당신은 배를 마련해준다

그러나
나는 배를 버리고
홀린 듯
당신이라는 섬으로 도망간다

나에게는
도저히 빠져나올 수 없는
또 하나의 섬이 있다

절 가는 길 13
―월출산 무위사

한소운

반은 떨어지고
반은 피어나는
동백의 고요한 마음처럼
월출산 그 깊은 침묵 속에
고요히 홀로 거니시는
저 달
안타깝게 손 내밀지 않으면
우리는 무엇에 의지하며 살까

무위로다
무위로다
나고 감이 무위로다
한 손은 하늘 가리키고
한 손은 땅을 짚으시는
부처의 미소를 배우려다

한나절 주름살이 늘었다

템플 스테이

한영미

모두 한 벌의 침묵을 둘렀다
둘러앉아 있는 평상이 아주 작은 조각되어
마치 있어야 할 곳에 끼워 넣은 것처럼
밤하늘을 완성하였다
나는 후생이 지은 업을 쥐고 풀어가느라
현생이 결박되어 있다고 여겼다
'조고각하'라는 글귀가 곳곳에 놓였다
오지 않는 일과 이미 지나가 버린 일이
안개처럼 시야를 가려도 발밑만 잘 살피고 걸으면
미래에서 과거로 길이 이어진다고
기와가 곡선을 얹듯 허리를 굽혀 낮추자
기도가 보였다
캄캄한 절벽 위 불 켜진 법당엔
절하는 사람들의 발걸음이 이어졌다
세찬 파도 소리가 그들의 간절한 음성처럼 들려왔다
바다가 육肉이라면 파도가 심心일 것이다
몸이라는 빈껍데기를 채우는 것도 기도가 아닐까
나는 종교도 없이 두 손을 모았다

아, 쉐지곤 파고다에는

한영숙

수참새 한 마리,
말랑말랑한 대낮의 황금 햇살
슬쩍 물고 와
법당 안,
쪼르륵쪼르륵 종일 개금을 붙인다.
유독 볼륨 있는
한 부처의 힙 라인에
별나게 콕―콕콕 공덕을 쌓고 있는,

저 찬란한 아랫도리는 내세의 언제쯤일까.

밀도 짙은

한윤희

어딘가로 번져가는 걸음, 저 걸음들

일렁이는 종아리와 부드럽게 너울거리는 셔츠 자락
등마다 그려진 황홀한 유희는 누군가의 계시 같아
뜨거운 욕조에 몸 담근 듯 사지로 퍼져가는 오렌지빛 무리들
보폭을 넓힌다, 운동화 안쪽에서 깨어나는 미세한 빛
신은 이 작은 손바닥에 따뜻한 차를 올려 놓았어

 어떤 신호 같은, 수면으로 흘러내리는 버들잎 따 먹으며 걸어
가는 치맛자락
 초록 물방울 튕기며 대서양 가로질러 바퀴가 굴러간다
 무엇에 홀린 듯 돌연한 가속도
 거기에도 너는 없다 너의 셔츠 자락은 보이지 않아
 잎사귀 뚫고 내려온 빛줄기 너의 등을 스치고 지나간다

 슬개골 안으로 가만히 들어와 앉는 마른 붓질
 저쪽에서 건너오는 너, 민틋한 흙길 키 낮은 꽃들 메타세쿼
이아

노독 路毒

한이나

물에 파묻힌 길 찾아 구례 산꼭대기 사성암
절로 간 소들

새벽마다 울려 퍼지던 절벽 위의 사원
사시 예불 목탁소리의 진동과 진폭을
뜬잠에 자주 들었음이야
마을 외양간에서 통증을 잊고 위로를 받았음이야
장마에 둑 무너져 물바다 된, 혼몽 속
축사 탈출해 장대비 맞으며 오산 자락에 오른
한 무리 소들

아랫마을에서 한 시간 뚜벅뚜벅 걸어 왔을까
간전면에서 문척면까지 이십 리 떠내려가며 헤엄쳐 왔을까
목마름에 찾던 53 선지식 비로소 약효를 알았는지
누구 하나 절마당에서 뛰놀거나 울음소리 내지 않고
얌전히 쉬다가 떠났다

세상의 한끝에서 마음의 등불을 찾아
어두워져서야 빈손으로 내려왔던
사성암 산속의 먼 길
굽이도는 구름 길

소들도 그 어둠을 믿음으로 건넜으리

너의 작은 숨소리가

함기석

흔든다 아주 작은 먼지 하나를
흔든다 먼지가 앉은 나비 날개를
흔든다 나비가 앉은 꽃잎을
흔든다 꽃이 잠자는 화분을
흔든다 화분이 놓인 탁자를
흔든다 탁자가 놓인 바닥을
흔든다 바닥 아래 지하실을
흔든다 지하실 아래 대지를
흔든다 대지를 둘러싼 지구를
흔든다 지구를 둘러싼 허공을
흔든다 허공을 둘러싼 우주 전체를

해질녘 비

허금주

해질녘 비가 내려
핏금을 긋고 지나가는
그리운, 참혹한 얼굴
끈덕진 내 입술의 타는 신앙
고백할까
홀로 전율하는 그대를 짓밟고도
아프지 않아
하늘에 계신 아버지께 안부를 전한다
시린 양심을 세 번 두드리며
모든 게 내 탓이요
보듬을 수만 있다면
기억을 상실한 인간의 원초적 공기이고 싶다
서로에게 쉽게 피칠을 하면서
얼룩진 밤을 밝혀
살아있다면
향기로움이라고 믿어도 될까
목숨은.

방패연

허 열

새가 날아 하늘 간다.
새의 등에 업힌 하늘이 사선을 긋는다.

푸른 우산이 새고
창밖의 구름이 새의 날개를 지운다.

높이 높이 올라야 해맑은 세상
먼 나라의 이야기 아닌데

먼 나라로 가는 새들의 젖은 날개가
너무 무겁다고 운다.

되감을 수 없는 목숨줄 하나
바람의 등에 매달려 끝없이 흔들린다.

잡초를 뽑으며 1

허영자

잡초를 뽑노라면
하느님은 높은 하늘보다
낮고 낮은 땅 아래
더 오래 머무시는 것 같애.

사람이 씨 뿌리지 않고
물 주어 가꾸지 않아도
무성히 우거지는
뽑아도 뽑아도 돋아나는 잡초

땅 아래서 이루어지는
생명의 신비
창조의 신화
잡초는 하느님이 지으시는 농사

교황께서 몸을 굽혀
낮은 땅에 입맞추시는 까닭을
너무 잘 알 것 같애
잡초를 뽑노라면.

여정

허윤정

바람이 새장을 벗어났다

사막을 걷는 비구니
구름이 어깨 위에 앉았다

날개를 접은 신전
고목은 오래된 사원이다

걸어 다니는 뿌리
구름은 낙서다

기도와 시

허진아

기도 중 시가 쑤—욱 들어오네 햇빛이
출렁이는 시간이거나 누군가
어른거린 거울이거나
어떤 막 같은 걸 걷고 들어오는데

기도와 시가 간절하고 간절해
하늘까지 닿고
신이 '이웃을 네 몸같이 사랑하라'했으니
기도가 시라면 시는 사랑이지

기도 중 시가 쑤—욱 들어오네 고독과
우울과 아픔을 데리고
사랑을 밀어내 사랑에 닿거나 뒤에서
앞을 보는 방식이네

모든 걸 감싸듯 비가 내리네
잠 못 자는 밤, 기도인 듯 시인 듯
꽃이 피고 꽃이 지네

손을 내밀어

허형만

손을 내밀어
당신의 옷깃에 닿을 수 있기를
그리하여 혈루병의 여인이 구원받았듯
나의 모든 아픔도 치유되기를

손을 내밀어
당신 손을 잡을 수 있기를
당신 손을 잡고 당신이 가시는 대로
당신의 체온으로 함께 걸을 수 있기를

손을 내밀어
당신의 발을 씻겨드릴 수 있기를
허리를 구부려 쪼그리고 앉아
정성껏 흙먼지를 씻겨드릴 수 있기를

손을 내밀어
당신의 침구를 깔아드릴 수 있기를
오늘도 먼 길 다녀오시느라 피곤하신 몸
안식과 평화 속에 편히 쉬실 수 있기를

미소법문

허홍구

하루 이틀도 아니고 10년보다도 훨씬 더
오래오래 전부터 꿈쩍도 않고 앉아 계신다.

밤낮으로 눈도 깜박이지 않고
홀로 앉아 빙그레 웃고만 계신다.

묵언 중인 부처님 지금 미소법문 중이시다

아마도 눈을 부라리고 있었다면
다 돌아서서 갔을 것인데

오늘도 한결같이 웃으시는 부처님께
공손히 엎드려 큰절을 올리며
미소법문을 듣는다

빙그레! 그 환한 미소에 평화가 가득하고
마주한 우리들 얼굴도
달덩이처럼 환하게 잔잔한 미소가 번진다.

동거

홍경흠

일궈놓은 살림이 거덜 나
잠들지 못한 밤이 쌓이고
신열이 오르내리는 중에
소리 없는 소리를 들었다

가장 낮은 곳에 닿아도
내가 설 자리 없던
그때 그 시절

기도가 나를 어떻게 인도했는지
십자가 앞에서 복받치는 설움 펑펑 쏟자

길고 긴 홀맺은 매듭이 풀리고
엄마냄새 자욱한 하얀 찔레꽃 길,
무더기무더기 온 사방 피고 있다

아직도

홍금자

태초에 빛의 시간
'빛이 있으라' 말씀 하나로
태어난 순종의 자식이여

삶의 목전에서 늘 길을 잃어
그 빛 놓친 지 오래

지나간 아득한 무늬로
아직도
한 가닥 당신의 사랑 있어
그 길 찾아 하루 스물네 개
뼈 마디마디에 흔적을 긋는다

아, 그 빛 있으라 말씀 찾아
복종의 회초리로
십자가를 지는 또 하루

석굴암 대불

홍사성

덩치는 집채 고집은 불통 그게 당신이었다

석수에게 바위 몸 맡기고 기다린 삼백 예순

생살 떨어져나가는 고통은 이 악물고 견뎠다

어느 날 큰 종소리에 눈뜨자 부처라 불렀다

수미산

홍서연

십이월,

마른 나뭇가지 위에 어미 새가 집을 짓는다

앙상한 바람 사이로

고집멸도의 지푸라기를 얹는다

하루 사흘 그리고 며칠,

바닥에서 퍼드덕거리는 아기 개똥지빠귀

모닥불이 훨훨 타고 있었다

휘이 휘이, 여린 휘파람 소리

나지막이 저 먼 치서 들리는

관세음보살 관세음보살

겨울 잎새 하나, 와불 와불 굴러다닌다

기다려지니까 사랑이다

홍석영

개기일식이다
달그림자로 가려진
태양의 가장자리 불꽃이 핀다
일상의 삶이 송두리째 바뀐다

마음의 눈으로 세상을 바라보고
사랑하는 마음으로 생각을 바꾸고
어느 길이든 거닐다 보면
피톤치드가 솟아나는 길이 열린다

저 높은 곳을 향해
마음껏 하늘을 마시면
행복의 길이 걸어 나온다

그리움도 애잔한 사랑이요
외로움도 고독한 사랑이라
모두 다 기다려지니까 사랑이다

어느 길이든 가거라
너의 길을 향해

따뜻한 살림

홍성란

　혜능이 불법을 배우러 황매산 홍인 대사를 찾아가서는, 영남 사는 나무꾼이 오직 부처가 되고자 찾아 왔다고 아뢰었으니, 남쪽 오랑캐가 어찌 감히 부처가 되려느냐 대사가 짐짓 떠보았으니, 사람이야 남북이 있겠지만 불성佛性이야 남북 구별이 있겠습니까 조아렸으니

　못나도 어리석어도 사람으로 사는 법이 어떤 살림보다 중한 줄 알았으니, 검사가 못 되어도 의원이 못되어도 무슨 회원 못되어도 사람인 줄 알았으니, 누가 주인인지 누가 나그네인지 몰라도 좋은 줄 알았으니

　굴러도 환한 여기가 왜 따뜻하지 않으냐

엄마의 삶

홍윤표

엄마의 산속에는 천지가 꽃이고
군데군데 꽃밭이 날개를 폈다
깊은 산속 산줄기 타고 산기슭 따라
홀로 사는 그 엄마는 충청도 여인이라네
산속에 표고를 기르고 샘물이 아닌
봄 기슭에 고로쇠 체액을 짜 마시며
산을 믿으며 육신을 섬긴 엄마의 삶
산새도 매미울음도 엄마의 옛 친구라네
늘 외로울 것 같지만 산이 친구라
외롭지 않은 엄마의 든든한 울타리
수호신을 믿으며 자연과 어울려 사는 삶
친구가 텃밭이고 나무라서 행복하다네
때론 홀로 즐겨 마시는 둥굴레차와 칡차
맛이 산 향기이니 자연인의 믿음은
토속신앙의 상징이고 삶의 맛이었으니
엄마의 삶터는 전부 산이요 믿음이라네

산사에서 울리는 새벽 범종소리에 합장하네

알 속에서

홍재운

　약병이 떨어져 있다 가구를 옮기는데 먼지 속에서 약병은 입을 다물고 있다 언제 잃어버렸는지 식후 30분 그때 그는 병이었을까 약이었을까 알약들은

　깨지지 않는다 알에서 나온 적이 없는 알들은 병 안에서 안전하다 유통기한을 지우며 단단해진다 아무도 찾지 않는 바닥에서 바닥일 수밖에 없는 밤을 기억하는 잠이

　쓰러져 있다 그는 나에게 밥이었다 물과 함께 흘러와 위험한 아침이 되는, 어두운 계단에서 녹았다 얼었다를 반복하는 병, 이병을 어떻게 깨트려야 할까

　나는 일어선다 오래된 병을 들고

Delete

홍정숙

Delete을 누르면
비명 한 마디 지르지 못하고
망각의 강으로 떨어지는 문자들
죽을 힘으로 눌러 쓴 이름은
지워도 줄이 남는다 옆이 생긴다

서대문형무소역사관 사형장 앞에 서 있는
통곡의 미루나무는 온몸으로 쓴다
무수한 손톱 밑에 바늘을 받고
나무판에 촘촘촘 박은 못 위를 밟고 나서
손을 버린 손가락이
발을 떠난 발바닥을 기억하듯
미루나무 붓으로 암호를 푼다
검은 등을 구부렸다 펴는
가지마다 펄럭이는 피 묻은 혓바닥들
죄다 사라지며 열리는 허공

노을 뜨다

황경순

영흥도 어느 횟집에서는
파라솔 사이로 노을이 뜬다

누가 감히 해를 진다고 하는가?
찬란한 바다 위로 노을이 뜨는 것을!

어느 땐 식물이 세상을 지배했다지
쥬라기엔 공룡이 대세를 차지했다 하고
또 한 때는 인간이 주인공이었지만
이제는 바이러스가 주인공이 되었다고.
이미 그들의 계산법으로は
지구를 장악했다고 여길 지도 모르지만

저 뜨는 노을처럼
바이러스가 극악을 떨수록
인간들이 기필코 더 강해진다는 것이,

새로운 윤회의 법칙이며
새로운 종교의 탄생이다

막막한 오늘
―두꺼비집 51

황미라

   시를 쓰다가, 시가 밥이 되지 않으므로 부엌으로 갑니다 희망으로 요리를 해도 깔깔하게 씹히는 일상을 식구들과 나누는 저녁이면 왠지 무서워, 환히 전등을 켜고 가난한 시를 쓰다가, 시가 안식이 아니므로 잠을 잡니다 꿈보다 막막한 오늘이 오고, 고단함 속에 다시 부질없는 시가, 부질없이 쓰여집니다 그대여,

물벼룩 창세기

황상순

먹장구름을 불러 잠시 비를 내리게 하시니
가시연 넓은 잎 위에 물방울 세계가 만들어지도다
손 한 번 저어 휙 바람을 일으키시니
작은 물방울들은 뭉쳐져 하나의 큰 물방울 세상을 이루도다
이처럼 연잎 아래와 연잎 위의 세상을 새로 만드시고
저녁이 되고 아침이 되니
연잎 위 물방울 세상 속에 물벼룩이 가득 번창하도다
여길 벗어나면 우주에 이를 수 있으련만
물의 장막이 벽돌감옥 보다 더 견고하구나
이를 긍휼이 여겨 이르시되
천하의 물은 한 곳으로 모이고 뭍이 드러나라,
하시니 그대로 되니라
물의 감옥을 벗어난 벼룩은 크게 기뻐하며
푸르고 깊은 못으로 잽싸게 뛰어들었다 하더라
그 이상도 그 이하도 아니니라
구름을 지나는 달처럼
자애로운 영은 수면 위를 조용히 운행 하시니라

할아버지는 우짤라카노

황인동

종교를 말하자면
불교 쪽인 우리 집안에
개신교의 모태 신자인 며느리를 맞았다
예견된 일이었지만
아들이 먼저 교회를 따라가더라
나에게도 전도를 해 보려고
슬쩍슬쩍 얘기를 했지만
나는 넘어가지 않고 잘 버텼는데
하나뿐인 손녀가 말문이 트이면서
만날 때마다, 우리는 천당 가는데
할아버지는 우짤라카노 하면서
조르기 시작했다
며느리가 시킨 말인 줄 알지만
손녀의 귀여운 입놀림이
하나님의 부름인듯 하여
못 이긴 척 넘어가고 말았다
아멘입니다

풍경 소리

황희영

법당에 향불 사르고
돌아오는 길
솔숲에 내리는
풍경 소리
부처님이 부르는 소리

풀지 못한 번민
부처님 앞에 내려놓고
묵언默言수행하듯
세심洗心다리를 건넌다

프랑스 시인 협회
2021 시 콩쿠르 수상작품

Société des Poètes Français

Concours de Poésie 2021

번역 : 김진하 서울대 교수

2021년도 시 부문 대상 (Grand Prix de Poésie 2021)
Au Nom

Irène GENIN-MOINE

Au nom
Des rêves à venir
Et des lèvres pétrifiées
Sur un éternel sourire,

Au nom
Des musiques partagées
Des frontières éthérées
De l'histoire en marche,

Au nom
Des villages paisibles
Des villes en fête
Des carillons en liberté,

Au nom
Des soifs de vie
Des faims de tendresse
Des voix en écho,

Au nom
Du Sacré
De la Conscience
De l'Amour,

Je poétise la Vie !

Irène GENIN-MOINE
(in « *De Chemins en Collines* », Bialec, Nancy, 2008)

이름으로 (Au Nom)
이렌 제냉-무안 (Irène GENIN-MOINE)

도래하는 꿈의
이름으로
영원한 미소 위로
돌처럼 굳은 입술의 이름으로

행진하는 역사에서
순결한 국경에서
함께 나누는 음악의
이름으로

평화로운 마을의
축제 속 도시의
자유롭게 울리는 종소리의
이름으로

삶의 갈증의 이름으로
사랑의 허기의
메아리 치는 목소리의
이름으로

성스러움과
양심과
사랑의
이름으로

나는 인생을 시로 짓는다!

(시집 [길에서 언덕까지], Bialec 출판사, 낭시, 2008)

Attente

Irène GENIN–MOINE

A maman

Guetter au secret de ton cœur
Le long cheminement des jours
Où se mêlent, pêle-mêle,
Les voix et les visages.

Glaner des sourires lumineux
Sculptant des rayons de soleil
Autour de tes yeux
Mais brûlant un à un de tes souvenirs.

Contempler tes mains froissées
Retrouvant les gestes
Maintes fois accomplis
Dans ta vie de labeur.

Décrypter les messages que tu envoies
Avec des mots-hirondelles
Pour sauver les printemps
De ta mémoire enfuie.

Compter tout le temps
Qu'il nous reste à être ensemble
En mêlant nos doigts
Pour tisser la voile qui nous emportera
Au-delà de l'instant
Au Pays des doux mystères.

Irène GENIN–MOINE
(in « *De Chemins en Collines* », Bialec, Nancy, 2008)

기다림 (Attente)

이렌 제냉-무안 (Irène GENIN-MOINE)
엄마에게

그대 마음의 비밀에서
하루하루가 나아가는 먼 길을 살펴본다
거기엔 목소리와 얼굴들이
뒤죽박죽 섞여있다.

그대 눈가에 햇살을 조각하며
추억을 하나하나 불태우는
환히 빛나는 웃음의
조각을 줍는다.

그대 노동하는 삶에서
수십 번 완성된 몸짓들을
다시 만나는 거칠어진
두 손을 바라본다.

그대의 파묻힌 기억에서
봄을 살려내기 위해
그대가 제비 같은 단어로 보내는
메시지들을 해독해본다.

우리에게 남아있는
함께할 시간을 세어본다.
순간 너머로
달콤한 신비의 나라로
우리를 실어다 줄 돛을 짜기 위해
우리의 손가락을 뒤척이며.

(시집 [길에서 언덕까지], Bialec 출판사, 낭시, 2008)

Mon Père, tu me reviens

Irène GENIN−MOINE

Mon Père, tu me reviens
Comme un parfum de marée
Avec des bateaux
Qui se dandinent doucement
Sur un courant d'eau
Caressant les coquillages
Eparpillés comme un trésor…

Mon Père, tu me reviens
Comme un parfum de résine
Et de fraises des bois
Tachant nos petites mains
Mais garnissant le pot de camp
Des jeunes poucets
Que jamais tu n'aurais perdus.

Mon Père, tu me reviens
Comme un parfum de roses
Et d'œillets multicolores,
Pétales soyeux que tu désirais
Sous nos pas incertains ;
Et les printemps multiplient cette joie
Dans le jardin qui ne les compte pas.

Mon Père, tu me reviens
Comme un parfum de bonheur
Et sur tous mes chemins
Je te tends encore la main.

Irène GENIN−MOINE
(in « *De Chemins en Collines* », Bialec, Nancy, 2008)

아버지, 생각납니다 (Mon Père, tu me reviens)
이렌 제냉-무안 (Irène GENIN-MOINE)

아버지, 당신이 생각납니다
보물처럼 흩어진
조개껍데기들을 어루만지는
물결 위에서
부드럽게 흔들리는
배들이 떠 있는
파도의 향기처럼…

아버지, 당신이 생각납니다
당신이 결코 잃어버리지 않을
엄지동자들의 반합을 채워주면서
우리의 작은 손을 더럽히던
산딸기 향기처럼
송진 향기처럼

아버지, 당신이 생각납니다
조심스러운 걸음으로
당신이 갖고 싶어하던
비단결의 꽃잎들
여러 색깔의 패랭이꽃과
장미꽃의 향기처럼

내가 걷는 모든 길에서
행복의 향기처럼
아버지, 당신이 생각납니다
나는 당신께 다시 손을 내밉니다.

(시집 [길에서 언덕까지], Bialec 출판사, 낭시, 2008)

2021 빅토르 위고 상 (Prix Victor HUGO 2021)
Dualité

Jean-Marc JON

Il me faut cependant du temps tourner la page
À l'heure où le pardon valide le regret
De ceux dont le destin conseille le retrait :
Laissons donc pour toujours ce combat qui fait rage !

Ô la dualité du démon et du mage !
Pareils à ce Sauveur recevant le soufflet,
Puis montant dans les cieux avec un grand reflet,
Quand l'Existence naît d'un glorieux outrage !

Alors que l'homme suit des chemins enivrants,
Réservez-moi, Seigneur, ces moments transparents
De Paix et de Repos, en attendant votre heure !

De l'habitat céleste acquérons la Maison !
Sage décision qui paraît bien meilleure
Que l'humaine pensée ébauchant la Raison !

In «*Aubes et Crépuscules*» (inédit)

이중성 (Dualité)

장-마르크 종 (Jean-Marc JON)

운명이 은퇴를 권하는 이들의 후회를
용서가 정당화해주는 그 시간에
난 시간의 페이지를 넘겨야 하겠어요
그러니 화를 돋우는 그런 싸움은 영영 그만두기로 합시다!

아, 악마와 마술사의 이중성이여!
모욕을 당하면서도 커다란 그림자를 안고
하늘로 오르는 저 구원자를 닮았네요,
영광스러운 모독에서 그 실존이 태어나는 때를 보니!

인간이 도취의 길들을 따라서 갈 때
주님, 제게 예비해 주세요,
당신의 시간을 기다리는 평화와 휴식의 그 투명한 순간들을!

천상의 주거지에서 우리의 집을 얻기로 합시다!
그건 이성을 그려내는 인간의 사유보다
훨씬 나은 현명한 결심이랍니다!

시집 [여명과 석양](미간행)에서

2021 레옹 디에르스 상 (Prix Léon DIERX 2021)
(공동 수상 ex æquo)
Brown Eyes (Yeux Bruns) 1891
—d'après une œuvre de Georges CLAUSEN(1852-1944),
UK, Angleterre, Naturalisme-Impressionnisme—

Frédéric ALBOUY

Qu'il soit bleu, vert ou marron,
Toujours puiser son regard
Dans le bon sens paysan

Et quels que soient les hasards,
Le garder direct et franc,
Authentique, droit, profond.

Même quand on devient grand,
Bannir les regards en coin,
Les regards pervers, fuyants,

Regarder toujours plus loin,
Au-delà des faux-semblants,
Jusqu'au cœur même des gens.

Du moins jusqu'à sa frontière.
Il faut, pour la dépasser,
Attendre d'être invité.

In «*La Poésie au Musée*», Editions fA, Amazon Distribution GmbH, Leipzig (D), 2021

파란 눈
-영국 화가 조지 클로슨(Georges CLAUSEN, 1852-1944)의 작품 'Brown eyes'-

프레데릭 알부이 (Frédéric ALBOUY)

눈빛이 파랗든 초록이든 밤색이든
언제나 농부의 선한 감각에서
눈길을 이끌어 낼 것

어떤 우연한 일들이 있든
솔직하고 올바르고 깊고
직접적이고 정직한 눈길을 간직할 것

어른이 되었을 때도
사악하고 회피하는 눈길들은
구석으로 몰아낼 것

언제나 더 멀리
가식적인 것들 너머
사람들의 마음속까지 바라볼 것

적어도 그에 가까운 경계까지.
거기를 넘어가려면
초대를 기다려야 하니까.

시집 [미술관에 있는 시], fA 출판사, 아마존 배급 GmbH, 라이프찌히 (D), 2021.

2021 레옹 디에르스 상 (Prix Léon DIERX 2021)
(공동 수상 ex æquo)

Femme dans le rayonnement d'un souvenir
—d'après Souvenir paisible», Pierre de GRAUW, 1985—

Alain FLEITOUR

Gagner pas à pas les ombres,
tracer sur la glaise la ligne
de son dos, ses hanches.

En fluides brassées de terres,
esquisser la fécondité du trait,
immerger son corps de multiples nuances.

Poser l'ébauche de sa nudité comme un galet
chaud et lourd
qui aurait capté l'éphémère éclat du ciel,
magique, dense, brûlant parfois,
suggérant une infinité de vibrations
une interminable courbe de points colorés.

Sa nudité devient son vêtement,
mémoire du passé, et secrets
aux lignes de feu, du métal en fusion.

Le vent la couvre
un vent doux et chaud
et je viens à l'éclairer infiniment
avec les signaux du jour
déployant
sur son ventre
d'épaisses douceurs de limon.

In «*L'Indicible-La vie s'invente au féminin*», Editions Les Poètes Français, 2021

환히 빛나는 추억 속의 여인
−조각가 피에르 드 그로의 작품 '평화로운 추억'(1985)에서−

알랭 플레투르 (Alain FLETOUR)

한걸음 한걸음 어둠에 다다라
등과 허리의 윤곽을
찰흙 위에 긋는다.

물 흐르듯 땅을 껴안아
풍부한 윤곽을 스케치 하고
몸은 조금씩 다르게 여러 번 물에 담근다.

뜨겁고 무거운 조약돌처럼
벌거벗은 초안을 내놓는다.
하늘의 덧없는 광채를 포착한 듯
마술적이고 밀도 있고 가끔씩 불타오르는
무한한 떨림을
끝없는 점묘의 곡선을 암시하며.

벌거벗은 나신은 옷이 된다.
과거의 기억이자, 너울대는 불꽃과
금속이 뒤섞인 비밀을 안은.
부드럽고 뜨거운 한 줄기 바람이
나신을 덮어준다
그러면 나는 끝없이 밝혀보련다
그 배 위로
짙은 레몬의 달콤함을
펼치는
낮의 신호들을 가지고서.

시집 [말할 수 없는 것 – 삶은 여성이 만드는 것], 프랑스 시인 출판사, 2021.

창립회원 상 (Prix des Membres Fondateurs)
조제-마리아 드 에레디아 상(Prix José-Maria de Hérédia)
L'Ultime Espérance

                Albert RONCHI, dit ≪Albert JARAC≫

Il est cruel et bon, vers la fin de sa vie,
Doigts fermés, œil éteint, souffle presque envolé,
Cloué dans un fauteuil, près d'un site isolé,
De songer avec force à quelque vieille envie.

Si l'ancien souvenir au calme vous convie,
Il entraîne des flashs, montre un ciel étoilé
Puis embrouille le cœur : c'est l'ardent défilé
Où se mêlent regrets et soif inassouvie.

Les succès obtenus par à-coups chaque jour,
Grappillés trop souvent sur des ronces d'amour,
Délivrent un destin rude et, parfois, infâme.

Mais, sous les derniers feux aux parfums étouffants,
Un visage mutin peut raviver la flamme :
Qui peut mieux nous aimer que nos petits enfants ?

In « *Poèmes parfumés de Sonnets* » (inédit)

최후의 희망 (L'Ultime Espérance)

알베르 롱쉬, 별명 ≪알베르 자락≫
(Albert RONCHI, dit ≪Albert JARAC≫)

인생의 끝 무렵, 손가락 그러쥐고, 눈빛 꺼지고,
숨결 거의 날아가 어느 외진 곳 가까이서
관 속에 못이 박힌 채 힘들여 어떤 오래된 소망을
생각해본다는 건 끔찍하고도 좋은 일.

오래된 추억이 당신을 조용한 곳으로 부르면
그것은 불빛을 일으키고 별이 빛나는 밤을 보여주고
그 다음엔 마음을 어지럽히겠지. 그건 아쉬움과 채워지지 않은
갈증이 뒤섞이는 뜨거운 행진이지.

날마다 문득문득 얻는 성공들이란
너무도 자주 사랑의 괴로움에서 따 모은 것들이기에
거칠고 때로는 비열한 운명을 내어 준다네.

하지만 숨막히는 향기를 지닌 마지막 장작불 속에서
명랑한 한 얼굴이 불꽃에 생기를 돋울 수 있나니,
우리 어린애들보다 누가 더 우리를 사랑할 수 있겠는가?

시집 [소네트 향기가 나는 시편들](미간행)에서

창립회원 상 (Prix des Membres Fondateurs)
쉴리 프뤼돔 상 (Prix Sully PRUDHOMME)
Mort Imminente

Jean-Louis HIVERNAT

Quel songe d'une nuit vient réveiller mon âme ?
Un couloir obscurci se dessine, mortel.
Rêve ou réalité se perdent dans le ciel.
J'observe mon corps las, mais brûlant d'une flamme.

Au tréfonds de mon cœur, je ressens comme un blâme,
Une velléité devant ce froid tunnel
Car je reste figé, dans un monde irréel.
Une porte s'entrouvre et mon esprit se pâme.

Au lointain se profile une intense lueur.
La liberté se lève et j'accède au bonheur.
Un sentiment d'amour berce mon existence.

J'aperçois dans l'espace une sérénité
Apaisant mes douleurs, mes doutes, ma souffrance.
Un mystère, soudain, se change en vérité…

In «*Amertumes de l'Ephémère*» (ICN-Imprimerie-édition, 2021)

임박한 죽음 (Mort Imminente)
장-루이 이베르나 (Jean-Louis HIVERNAT)

어떤 밤의 꿈이 내 혼을 깨우러온 것인가?
어둑한 죽음의 복도가 윤곽을 드러내네.
꿈이나 현실은 하늘 속으로 사라지네.
나는 치쳤지만 불꽃으로 타오르는 내 몸을 지켜보네.

내 마음 아주 깊은 곳, 그 차가운 터널 앞에서
나는 욕설 같은 희미한 욕망을 느끼네.
여전히 나는 비현실의 세계 속에 얼어붙어 있으니까.
문 하나 살짝 열리고 내 정신은 희미해지네.

저 멀리 강렬한 빛 줄기 하나 그려지네.
자유가 일어나고 나는 행복에 가까워지네.
사랑의 감정이 내 존재를 달래주네.

그 공간 속에서 나는 고통과 의심들
내 괴로움을 가라앉히는 평온함을 맛보네.
어떤 신비로움이 갑자기 진리로 모습을 바꾸네…

시집 [덧없음의 쓸쓸함]에서 (INC 인쇄출판, 2021)

루이 아라공 상 (Prix Louis ARAGON)
Les Liserons

Yvan-Didier BARBIAT

Nos oreilles garnies de fleurs de liseron,
Tu tressais des colliers avec des herbes folles…
Ah ! Les beaux jours d'été, les couronnes, au front !
La terre était, pour nous, une sorte d'école.

Tu tressais des colliers avec des herbes folles
Me décrétant Seigneur de tous les environs.
La terre était, pour nous, une sorte d'école
Et tout nous effrayait : nous étions si poltrons !

Me décrétant Seigneur de tous les environs,
Tu tenais des discours, créant des protocoles
Et tout nous effrayait : nous étions si poltrons,
Décampant à la vue de la moindre bestiole !

Tu tenais des discours, créant des protocoles ;
Nous étions tous les deux de curieux lurons,
Décampant à la vue de la moindre bestiole,
Nos oreilles garnies de fleurs de liseron.

In « *Une Cascade de Rimes et d'Amour* » (inédit)

메꽃 (Les Liserons)
이방-디디에 바르비아 (Yvan-Didier BARBIAT)

우리들 귀는 메꽃으로 장식하고,
당신은 거친 풀로 목걸이를 땋았죠 …
아! 아름다운 여름날, 이마에는 왕관을 쓰고!
대지는 우리에게 학교와 같았어요.

당신은 거친 풀로 목걸이를 땋았죠
주변 모든 것의 주인으로 나를 선포하면서
대지는 우리에게 학교와 같았어요.
그런데 우리는 모든 것이 무서웠어요. 정말 겁쟁이였어요!

주변 모든 것의 주인으로 나를 선포하면서
당신은 연설을 했고, 의전을 꾸며 냈죠.
그런데 우리는 모든 것이 무서웠어요. 정말 겁쟁이였어요!
아주 작은 곤충을 보기만 해도 달아나곤 했죠!

당신은 연설을 했고, 의전을 꾸며 냈죠.
우리는 둘 다 호기심 많은 장난꾸러기였죠.
아주 작은 곤충을 보기만 해도 달아나곤 했죠
우리의 귀에 메꽃을 꽂은 채로.

시집 [각운과 사랑의 폭포 같은 흐름](미간행)에서

테오도르 드 방빌 상 (Prix Théodore de BANVILLE)
···Pardonner

Claude PLOCIENIAK

Le sable pardonne-t-il
A l'onde déferlante,
D'être meurtri sur le gravier ?

La lune pardonne-t-elle
A l'astre de lumière
De lui devoir tant de beauté ?

L'étoile pardonne-t-elle
Au ciel qui, sans égard,
L'efface au point du jour ?

La graine pardonne-t-elle
Au jeune germe naissant,
De tant la déchirer
Sans le moindre remord ?

La bûche pardonne-t-elle
Aux flammes qui la consument
De voir, au bout du compte,
Ses braises réduites en cendres ?

Le rêve pardonne-t-il
A la réalité
De n'être pas
Tout ce qu'il rêve ?

In « *À l'Horizon du Verbe Aimer* », Edilivre, Saint-Denis, 2020

용서한다는 것… (…Pardonner)
클로드 플로시냑 (Claude PLOCIENIAK)

밀려오는 파도가
자갈밭에서 죽어버리는 걸
모래밭은 용서할까?

빛나는 별이 그 많은 아름다움을
달빛에 빚지고 있는 걸
달은 용서할까?

동이 틀 무렵 무심히
별빛을 지워버리는 하늘을
별은 용서할까?

어린 새싹이 아무 아쉬움 없이
씨앗을 찢어버리는 걸
씨앗은 용서할까?

장작을 태우는 불꽃이
결국에는 잉걸을 재로 만들어버리는 걸
장작은 용서할까?

현실이 꿈에서 꿈꾸던
그 현실이 아닌데
현실을
꿈은 용서할까?

시집 [사랑한다는 동사의 지평선에서]. 에디리브르 간, 생드니, 2020.

샤를 보들레르 상 (Prix Charles BAUDELAIRE)
L'Homme et la Nature

Maurice VIDAL

La Nature a des lois, des rites, des modèles :
Il est donc malvenu de lui briser les ailes
En bâtissant des tours, des immeubles, des ponts,
Car ainsi nous coupons
La corde d'espérance
Offerte dès l'enfance
Au commun des mortels.

Les palais, les hôtels,
Témoignent de l'immonde
Où s'agitent tous ceux qui salissent le monde
En rêvant de grandeur, de puissance et d'argent,
Sans même apercevoir le sort de l'indigent.

Mais la Nature parle ; et demain sera pire :
Il faudra nettoyer cet air que l'on respire,
Et se dire surtout que l'orgueil ne peut rien
Face au feu de l'été comme au froid sibérien.

In « *Pour tout vous dire* » (inédit)

인간과 자연 (L'Homme et la Nature)
모리스 비달 (Maurice VIDAL)

자연에는 법이 있고 의례가 있고 모범이 있지.
그러니 탑을 쌓고 건물을 세우고 다리를 지으며
자연의 날개를 부러뜨리는 건 부적절한 일
그렇게 하면 우리가 어린시절부터
사람들에게 공통적으로 주어진
희망의 끈을
잘라버리는 것이므로

궁전과 대저택들은 추한 세계를 보여주지
그곳에는 위대함과 권력과 돈을 꿈꾸며
약한 자의 운명을 알아보지도 못한 채
세계를 더럽히는 자들이 온통 돌아다니고 있지.

하지만 자연은 말하고 있네. 내일이면 더 나빠질 거라고.
우리가 숨쉬는 이 공기를 깨끗이 해야 한다고.
여름의 불더위 앞에서나 시베리아의 추위 앞에서
인간의 오만이 할 수 있는 건 아무 것도 없음을 생각해야
한다고.

시집 [그대에게 모든 걸 말하려고](미간행)에서

장 콕토 상 (Prix Jean COCTEAU)
Goéland

Sylviane MEJEAN

Tu danses
Sur les crêtes blanches
Par le mistral ébouriffées
Planes en cadence
Sur la mer déchaînée.

Tu joues
Dans le ciel fou
Chevauches insolent
Les méandres du vent
Et défies l'ouragan.

Tu apprivoises
L'horizon turquoise
Jongles avec les nuages
Qui se promènent sans amarres
Indomptables et sauvages.

In « *Sonate à la Plume* », Editions Panafrika/Silex/ Nouvelles du Sud, 2021

갈매기 (Goéland)

실비안 메장 (Sylviane MEJEAN)

너는 춤춘다
하늬바람에 곤두선
하얀 산등성이에서
고삐 풀린 바다 위로
박자 맞추어 활공한다

너는 놀고 있다
광란의 하늘 속에서
굽이치는 바람 위로
거만하게 올라타서
폭풍우에 맞선다.

청록색의 수평선을
너는 길들인다
닻줄도 없이 산책하는
길들지 않는 야생의 구름을
데리고 희롱한다.

시집 [펜으로 쓴 소나타]. 팬아프리카/실렉스/누벨뒤쉬드, 2021.

뤼시 드라뤼―마르드뤼스 상 (Prix Lucie DELARUE-MARDRUS)
Clepsydre

Marie-Jo THABUIS

S'effeuillent les éphémérides
Heure après heure, au jour le jour,
Pages du temps, profondes rides,
Sillons creusés en lourds labours.

Chaque semaine aura son lot,
Crayon papier ou plume fine,
Clavier frappé ou noir stylo,
Ce sont nos griffes qui se minent.

Et, captives de nos erreurs,
Les empreintes de nos années,
Aux peines, terreurs et malheurs,
Alors resteront enchaînées.

Que me garde la poésie
Des ans fleurissant ma mémoire,
Pour qu'en souvenances choisies
Rime et rédime mon grimoire.

In « *Insaisissable* » (inédit)

물시계 (Clepsydre)

　　　　　　마리-조 타뷔 (Marie-Jo THABUIS)

시시각각 하루하루
시간의 페이지들, 깊은 주름들,
무거운 노동에 움푹 팬 고랑들
일력이 한 장씩 뜯긴다.

한 주마다 제 몫을 거두리라
종이 연필이나 가는 펜
타자 치는 자판이나 검정 만년필
우리의 발톱은 약해지는데.

그리고 우리의 오류의 포로인
우리 세월에 새겨진 것들
고통과 공포와 불행을 가진 것들은
여전히 사슬에 묶여 있으리라.

내 기억에 꽃을 피우는 세월에서
시가 나를 지켜주기를
골라 낸 회상 속에서
내 마법서가 운을 골라 구원하도록

시집 [붙잡을 수 없는 것](미간행)에서

마르슬린 데보르드-발모르 상
(Prix Marcelline DESBORDES-VALMORE)
Ton Etoile dans mes Veines

Parme CERISET

Il y a quelque chose
de mystérieux et d'indicible :
je sais que même au fond de l'enfer,
si je découvrais ton cadavre
sous la clarté glauque de la clairière noire,
je te sentirais vivre encore en moi.
Malgré tes yeux figés,
figés loin de Tout, vers le néant,
je serais figée en toi.
Tu coulerais encore dans mes veines
Tant qu'il me resterait une goutte de sang vif

In « Femme d'Eau et d'Etoiles », Bleu d'Encre Editions, Yvoir (B), 2021

내 혈관 속 너의 별 (Ton Etoile dans mes Veines)
파름 스리제 (Parme CERISET)

신비롭고 뭐라 말할 수 없는
어떤 것이 있지
지옥 깊은 곳에서도
깜깜한 빈터의 청록색 빛 속에서
네 주검을 발견하게 된다면
나는 내 안에 여전히 네가 살아 있음을 느끼겠지.
너의 두 눈이 굳어있다고 해도
모든 것에서 멀리 떨어져 무를 향해 굳어 있다고 해도
나는 네 안에 굳어 있겠지.
내 안에 생명의 피가 한 방울 남아있는 한
너는 여전히 내 혈관 속을 흐르겠지.

시집 [물과 별의 여인], 푸른 잉크 출판사, 비르아르(비), 2021.

폴 엘뤼아르 상 (Prix Paul Eluard)
J'ai goûté autrefois aux délices exquis

Gislaine PIEGAY

J'ai goûté autrefois aux délices exquis
Des illusions bâties sur des rêves d'enfants
Amour et Paix sur terre étaient dans mes mains.

J'ai touché autrefois aux crayons de couleur
Pour dessiner des étoiles et des soleils
Sur le sable blond des océans arc-en-ciel.

Puis j'ai grandi et j'ai senti entre mes doigts
Les longs effleurements timides de la nuit
Peindre le monde en rouge et noir, très lentement.

Je vois aujourd'hui les yeux des enfants mourir
Crucifiés, les bras des mères devenir cercueils
Et j'entends l'univers chanceler sous les coups.

Oui, je dessine aujourd'hui la suie de mes rêves,
L'essaime en plein jour pour mieux peindre un ciel de nuit
Et crier à l'humanité en deuil : « *Horreur !* »

In « *Quand crie le Silence* » (inédit)

나는 한때 맛보았다
(J'ai goûté autrefois aux délices exquis)

지슬렌 피에게 (Gislaine PIEGay)

나는 한때 절묘한 진미를 맛보았다
아이들의 꿈 위에 세워진 환상에서
지상의 사랑과 평화가 내 손 안에 있었다.

나는 한때 색연필에 손을 댔다
무지갯빛 바다의 황금빛 모래 위에
별과 태양을 그리려고.

그러다 어른이 되자 손가락 사이로 느꼈다
기나긴 밤의 소심한 손길들이
아주 천천히 빨갛고 검은색으로 세상을 칠하는 것을.

나는 오늘 아이들의 눈이 십자가에 못 박힌 듯 괴로워하며
죽어가는 것을 본다, 어머니의 팔이 관이 되는 것을 본다
그리고 나는 우주가 그 타격에 비틀거리는 소리를 듣는다.

그래, 오늘 나는 내 꿈의 그을음을 그리고,
밤하늘을 더 잘 그리기 위해 한낮의 인간들을 그린다
그리고 죽음의 슬픔에 잠긴 인류에게 외친다, "무서워라!"

시집 [침묵이 외칠 때](미간행)에서

테오필 고티에 상 (Prix Théophile Gautier)
Bure de Silence

Anne-Sophie BOUTRY

Ecrire, c'est entrer au couvent, s'enfermer dans une bure de silence qui repose des brûlures de l'existence, offre une plume pour tout caresser, se faire du bien apaiser le trop plein⋯

J'entre au couvent en fin de journée, claque la porte au bruit, aux cris de la rue, à une sourdine chez ma voisine, à l'écho de la soirée qui se propage d'étage en étage, partout dans l'allée. Comment s'armer de paix, stylos et feuilles de papier brandis comme des objets sacrés ? Transformer d'un regard le salon en chapelle, m'installer à l'ombre d'une lampe de chevet, méditer deux, trois mots qui butinent mon âme avant de se poser sur l'espace blanc que d'un doigt j'indique. À mon insu.

Je m'enferme dans une bure de silence ; une urgence intérieure me pousse vers le chemin que tracent les mots. Ils s'emparent de ma main et mènent le crayon avec un souffle qui me dépasse. Ils émergent du cocon et se déploient de chenille à papillon, sauf quand ils font grise mine, s'étiolent, se refusent à moi, filent entre les doigts ou s'écrasent sur la feuille de papier. Pourquoi ? Parce que mon silence, qui n'est toujours pas habité, méprise les mots qu'il n'habille plus d'une belle densité, d'une couleur qui les fait chanter⋯

In « *Bruissements* » (inédit)

침묵의 수도복 (Bure de Silence)

안-소피 부트리(Anne-Sophie BOUTRY)

글을 쓴다는 것은 수도원에 들어가는 것, 침묵의 수도복 안에 틀어박히는 것. 수도복은 삶에 데인 상처를 가라앉히고, 펜을 내어주어 모든 것을 어루만지고, 스스로 선함을 품게 하고, 넘쳐나는 것을 가라앉힌다.

나는 하루 일과를 마치면 수도원에 들어간다. 그리고 소음과, 거리의 비명소리들, 이웃집의 웅성거림, 한 층 한 층 작은 길 전체로 퍼져 나가는 저녁의 메아리에 문을 쾅 닫는다. 우리는 어떻게 펜과 종이를 성스러운 물건처럼 들고 평화로 무장할 수 있을까? 거실을 한눈에 기도실로 바꾸고, 침대 옆 전등 그늘에 자리를 잡고, 내 영혼을 샅샅이 뒤지는 두세 단어에 대해 곰곰이 생각하다가 내 손가락이 가리키는 하얀 공간에 멈춘다. 나도 모르게.

나는 침묵의 수도복 안에 틀어박힌다. 내면의 절박함이 단어들이 흔적을 그리는 길로 나를 밀어 넣는다. 단어들은 내 손을 붙잡고 나를 압도하는 숨결로 연필을 끌어당긴다. 단어들은 고치에서 빠져나와 애벌레에서 나비로 펼쳐진다. 불편한 표정을 보이거나, 기운이 시들거나, 나를 받아들이기를 거부하거나, 손가락 사이로 미끄러지거나, 종잇장위에서 뭉개져 버릴 때를 제외하면. 왜 그럴까? 아직 사람이 살지 않는 나의 침묵은 단어들을 노래하게 만드는 아름다운 밀도와 색깔로 옷을 입지 않은 말을 경멸하기 때문이다…

시집 [속삭임](미간행)에서

로즈몽드 제라르 상 (Prix Rosemonde Gérard)
A toi

Pascal LECORDIER

A toi
Source jaillissante au feu de mon désert
Dans le jeu de l'ombre des palmes
Sur les scintillements de ton onde claire
Je vais puiser mes mots

Allégresse d'un commencement
———————

Les amours sont pareilles aux neiges éternelles

Cotonneuses sous le soleil d'été

Incoercible sous les morsures de l'hiver

Mais elles demeurent
Au fil des saisons
Nourries de l'abondance des cieux.
———————

Mieux je t'aime et mieux je m'offre à toi
        Merveille !
Tu acceptes mon amour comme la fleur
        L'abeille.

In «*Aimer*», Editions Peuple Libre, collection «Les Contemplations», 2021

그대에게 (A toi)
파스칼 르코르디에 (Pascal LECORDIER)

그대는 내 사막에서 불타며 솟아나는 샘물
그대 맑은 물결의 반짝임 위로
종려나무 그림자 놀고 있는 거기서
나는 낱말들을 길어내리.

시작의 경쾌함이여

사랑은 만년설과 같아서

여름 태양 아래 목화 꽃 같고

살을 에는 겨울 추위에서도 멈출 수 없나니

그렇게 눈은 남아 있네
계절은 흘러가는데
풍요로운 하늘을 양식으로 삼으며.

내가 그대를 사랑할수록, 나는 그대에게 나를 더 바치나니
기적이란 이런 것!
꽃이 꿀벌을 부르듯 그대는 내 사랑을 받아들이네.

시집 [사랑], 자유민중 출판사, 2021.

장 지오노 상 (Prix Jean Giono)
Automne sans Toi

Yvonne LE MEUR-ROLLET

J'ai marché ce matin sur l'herbe de novembre
Dans l'étroit jardin vide où s'attarde un œillet,
Ecarlate cocarde au revers d'un gilet
Dont la laine bourrue a pris des reflets d'ambre.

Juste au pied de la digue, au-delà du portail,
Sur l'écume d'acier des vagues frissonnantes,
Les bernaches lançaient leurs plaintes caquetantes
Et trois barques, à quai, dansaient en éventail.

L'automne descendait les sentiers vers la grève,
De ses pas alourdis, éclaboussés de vent.
Couchés sous la tempête, au cap de la Jument,
Les rochers hennissaient, noirs chevaux qu'on achève.

Sur le ciel, mes doigts nus dessinaient ton visage,
Caressant un sourire au bord de tes yeux bleus
Et ton tendre regard, aux élans amoureux,
Emportait mon cœur fou dans un galop sauvage.

In « Sur les Sentiers de la Mélancolie », (Editions Les Amis de Thalie, 2020)

그대 없는 가을 (Automne sans Toi)
이본 르뫼르-롤레 (Yvonne LEMEUR-ROLLET)

오늘 아침 나는 11월의 풀밭을 걸었다
수레국화 한 송이 남아 있는 좁고 텅 빈 정원에서
그 꽃은 거친 모직천이 호박색을 되비치는
저고리 옷깃에 단진홍색 리본 같았다.

문 너머, 바로 제방 발치에서는
흔들리는 파도의 강철 같은 포말 위로
기러기들이 끼룩끼룩하며 탄식을 내뱉고 있었다
부두에는 세 척의 배가 부채처럼 춤추고 있었고.

가을은 바람을 뒤집어쓴 무거운 발걸음으로
해안으로 향하는 오솔길을 내려오고 있었다.
폭풍 속에 누운 쥐망 곶의 바위들은,
지쳐가는 검은 말들처럼 울고 있었다.

내 맨손가락은 하늘 위로 그대의 얼굴을 그리며
그대의 파란 눈 가장자리의 미소를 더듬었고
그대의 부드러운 눈빛은 사랑스러운 충동에 빠져
내 미친 심장을 거친 질주 속으로실어가고 있었다.

시집 [우수의 오솔길에서] (탈리의 친구들 출판사, 2020)

프랑수아 빅토르 위고 상 (Prix François-Victor HUGO)
A l'Etoile du Don

Elizabeth ROBIN

Combien de pas perdus quand s'épuise le jour,
Espérant un donneur au chevet de l'enfance ?
Combien de pas vieillis à côté du silence,
De sanglots dans le noir d'attendre en vain son tour ?

Une sombre prière a porté ce fardeau,
En implorant la mort d'aller faucher ailleurs !
Chacun peut arrêter ce grand cri de douleur :
Par le pouvoir du don, un cœur frappe aux carreaux.

Combien de pas muets empêchent l'existence ?
Combien de vies jetées dans l'ombre du destin ?
Quand un geste suffit, refait les lendemains,
D'une vie qui s'éteint relance la cadence ?

Le don est à la vie ce qu'est à l'eau la fleur,
À l'étoile du don, la vie s'ouvre à nouveau.

Ecrit pour sensibiliser les gens au don d'organes.

In « *A l'Etoile de nos Pas*» (*A la estrella de nuestros pasos*), Editions FLAM, Sète, 2021)

나눔의 별에게 (A l'Etoile du Don)
엘리자베트 로뱅(Elizabeth ROBIN)

어린 아이의 머리맡에서 한 명의 기증자를 소망하면서
하루가 다 가도록 얼마나 많은 헛걸음을 할까요?
어둠 속에서 헛되이 자신의 차례를 기다리며
침묵 곁에서 얼마나 많은 걸음이, 흐느낌이 늙어갈까요?

우울한 기도가 이 짐을 짊어지고,
죽음에게 다른 곳으로 가라고 간청합니다!
누구나 이 거대한 고통의 울부짖음을 멈출 수 있습니다.
나눔의 힘으로 하나의 마음이 유리창을 두드립니다.

얼마나 많은 조용한 발걸음이 생존을 막고 있나요?
얼마나 많은 생명이 운명의 그림자 속으로 던져졌나요?
한 번의 몸짓으로 충분히 내일을 다시 만들고
꺼져가는 생명의 박자를 다시 살리는 것은 언제일까요?

생명에 주는 장기 기증은 꽃에 주는 물과 같아요.
장기 나눔의 별에서 삶은 다시 열립니다.

'장기 기증에 대한 관심을 촉구하기 위해 쓰다'

시집 [우리 발걸음의 별에서] (플람 출판사, 세트, 2021)

알퐁스 드 라마르틴느 상 (Prix Alphonse de LAMARTINE)
Lamentos…

Yves MUR

Lorsque le givre et l'or ont revêtu l'automne,
Couvrant notre ciel bleu d'un lugubre linceul,
Malgré « l'été indien » dont la toile festonne,
S'installe lentement l'effroi de l'être seul ;

Cette peur de l'hiver où rode la camarde,
Sur les êtres meurtris, otages des mouroirs…
Mais le gris des frimas, qui sur nos cœurs s'attarde,
Disparaît des reflets de tous nos vieux miroirs ;

Quand scintille toujours, sur le bord d'une lèvre,
Cet émoi printanier qui soude les amants,

Où vivent à jamais et palpitent de fièvre
De leurs ébats sans fin les longs enlacements…

Notre âme est ce miroir inconscient de l'être,
A l'homme renvoyant ses fantasmes trompeurs.
Il faut que vive en lui cet éternel peut−être,
Pour toujours exister au−delà de ses peurs…

In «*Cavalcade… de Rimes*» (inédit)

슬픔의 노래 (Lamentos…)

이브 뮈르(Yves MUR)

우리의 푸른 하늘을 우울한 장막으로 덮고
서리와 황금빛이 가을을 덮을 때,
화폭이 꽃줄로 장식하는 '인디언의 여름'에도 불구하고,
혼자가 되는 것에 대한 공포가 서서히 자리 잡는다.

양로원의 인질들, 죽어간 존재들 너머로
동료가 배회하는 겨울에 대한 이 두려움,
그러나 우리 마음에 남아 있는 잿빛의 찬 서리는
우리의 모든 오래된 거울이 비춰주는 그림 속에서 사라져 간다.

그때 어느 입술 언저리에서 언제나 반짝이는 건,
연인들을 하나로 묶어주는 봄날의 설렘,
거기엔 끝없이 뛰놀며 오래도록 포옹하는 몸짓이
영원히 살면서 열기로 두근거리고…

우리의 영혼은 존재의 무의식의 거울이라.
자신의 기만적인 환상을 인간에게 되돌려주는 법
두려움 너머에서 항상 존재하기 위해서는
이 영원하신 분 안에서 살아가야 할 것 같다…

시집 [각운의 … 기마 행렬] (미간행)에서

안나 드 노아유 상 (Prix Anna de Noailles)
La Rose

Bernard POULLAIN

Tu resteras toujours cet éternel mystère,
Eclosion de joie au regain du printemps,
Redoutable témoin du défilé du temps
Dont le retour fleurit de beauté notre terre.

Lumière des jardins, ton retour réitère
La danse des couleurs sous l'oiseau voletant.
La nature s'égaie en gazouillis chantant
L'harmonie et le feu de l'attractif parterre.

N'ayant rien à céder, si ce n'est sa splendeur,
Fière de son éclat, sans aucune pudeur,
Chaque rose est un don dans sa magnificence.

Répandant son parfum avec suavité
Son aura resplendit, sans aucune décence,
Quand s'enfonce l'épine, avec férocité !…

In «Tel l'Oiseau qui voltige» (inédit)

장미 (La Rose)

베르나르 풀랭(Bernard POULAIN)

너는 언제나 영원한 신비로 남아 있으리라
봄이 소생할 때 터져 나오는 기쁨으로
순환하는 계절이 아름다움으로 우리 대지에 꽃을 피우는
행진하는 시간의 무서운 증인으로

꽃밭의 빛처럼 다시 피어나는 너는
새가 날아오르는 색깔의 춤을 되풀이하고
매력적인 화단의 불꽃과 화음을 노래하는
새의 지저귐 속에서 자연은 기쁨에 젖어라.

아무 부끄럼 없이 광채를 뽐내며
화려함 밖에 내줄 것이 없으니
장미 송이 송이는 찬란한 선물이다.

감미로운 향기를 퍼뜨리며
장미 가시가 사납게 찌를 때
그 아우라는 아무 거리낌 없이 빛난다!...

시집 [새가 날아 다니듯] (미간행)에서

2023 한국시인협회
시와 종교

1 판 1 쇄 | 2023년 12월 22일 발행
지 은 이 | 유자효 외
엮 은 이 | 사단법인 한국시인협회
편집위원 | 김재홍 한영숙
교   정 | 김향숙 장수라
주   소 | 서울시 종로구 율곡로 6길 36 1006호(운니동, 월드오피스텔)
전   화 | 02-764-4596
팩   스 | 02-764-5006
홈페이지 | www.koreapoet.com
이 메 일 | kpoem21@hanmail.net

펴 낸 이 | 서정환
펴 낸 곳 | 신아출판사
주   소 | 서울시 종로구 삼일대로 30길 21 (종로오피스텔 809호)
대표전화 | (02) 747-5874, (063) 275-4000・0484
팩   스 | (063) 274-3131
이 메 일 | sina321@hanmail.net essay321@hanmail.net
등록번호 | 제300-2013-133호

ⓒ 사단법인 한국시인협회, 2023

ISBN 979-11-93654-19-4 03810
값 22,000원

※ 이 책은 저작권법에 따라 보호받는 저작물이므로 무단 전제와 복제를 금합니다.
※ 이 책의 전부 또는 일부 내용을 재사용하려면 반드시 저작권자의 서면 동의를 받아야 합니다.